W0344479

Lettre à un jeune professeur

Cognitia
35, rue Godot-de-Mauroy 75009 Paris

3e édition actualisée et complétée 2014
4e édition 2016

www.esf-scienceshumaines.fr

ISBN 978-2-7101-3116-8
ISSN 1158-4580

Philippe Meirieu

Lettre à un jeune professeur

Édition actualisée et complétée

esf EDITEUR

Sommaire

« Vous regardez vers le dehors et c'est là précisément
ce que vous ne devriez pas faire aujourd'hui.
Personne ne peut vous conseiller ni vous aider, personne.
Il n'est qu'un seul moyen.
Rentrez en vous-même. »
Rainer Maria Rilke
Lettres à un jeune poète[1]

1. Le clin d'œil à Rilke et la référence immodeste à ses *Lettres à un jeune poète* m'ont fait donner à cet ouvrage un titre qui pourra paraître sexiste. Ce n'est évidemment pas dans mon intention. Que les femmes qui enseignent ou se destinent à l'enseignement veuillent bien m'excuser et considérer que ce texte s'adresse aussi à toutes les jeunes professeures.

Introduction
La dimension cachée

Chère collègue,

Cher collègue,

J'ai eu la chance, pendant cinq années, de 2001 à 2006, de diriger l'Institut universitaire de formation des maîtres de l'académie de Lyon[1]. Quoique déjà victimes de nombreuses attaques médiatiques et institutionnelles, les IUFM s'efforçaient alors de dispenser une formation pédagogique rigoureuse aux futurs enseignants. On y pratiquait l'alternance entre des temps de stage en classe – en commençant par l'observation pour aller progressivement vers la pratique en responsabilité – et des temps de réflexion collective et approfondie

1. À partir de 2006, les Instituts universitaires de formation des maîtres ont été intégrés aux universités conformément aux termes de la loi du 25 avril 2005 ; ils sont devenus alors des « écoles internes » des universités. Puis, la formation des enseignants a été « mastérisée ». Le concours de recrutement, qui se passait jusqu'alors après une licence suivie d'une année de préparation, a été déplacé au niveau du master : pour devenir fonctionnaire-stagiaire, il fallait, simultanément, obtenir un master et réussir le concours avant d'être directement nommé dans une classe et faire face aux élèves avec un accompagnement pédagogique particulièrement réduit et aléatoire. La formation professionnelle par alternance que les IUFM avaient tenté de mettre en place a ainsi disparu... au point que, pour beaucoup et, au dire du président de la République de l'époque, Nicolas Sarkozy, les IUFM – qui subsistaient pourtant vaille que vaille – avaient été supprimés !
La formation initiale des enseignants a été, depuis, reconstruite dans la loi proposée par Vincent Peillon sur la « refondation de l'école » (loi du 8 juillet 2013) et s'effectue aujourd'hui dans le cadre des Écoles supérieures du professorat et de l'éducation (ESPE) : on y prépare, après la licence, des masters consacrés aux « métiers de l'enseignement » qui allient formation disciplinaire et « spécialisation progressive orientée vers la pratique professionnelle », enseignements théoriques et stages. Intégrées aux universités, les ESPE peinent néanmoins à mettre en œuvre une véritable formation professionnelle d'adultes par alternance : les enseignements y sont souvent juxtaposés dans une logique purement académique et la réflexion proprement pédagogique sur l'articulation entre les finalités de l'éducation et les pratiques de transmission scolaire en est souvent absente.

sur les enjeux de l'enseignement et de l'école, tant du point de vue des différentes disciplines à enseigner que de celui des établissements. Malgré la pression évaluative, déjà très forte, nous tentions de prendre le temps nécessaire pour regarder de près ce métier étrange qu'est le professorat : un métier de gens qui, à quelques exceptions près, restent dans le système scolaire plus de soixante années d'affilée, un métier qui requiert des compétences techniques stabilisées, mais aussi des capacités relationnelles assurées, un métier porté au pinacle et vilipendé tour à tour – quand ce n'est pas simultanément – par l'opinion.

Malgré mes responsabilités institutionnelles, j'ai toujours tenu, tout au long de mon histoire professionnelle, à conserver la pratique de l'enseignement et de la formation. Professeur d'université, j'ai repris, en 1993, des cours en lycée professionnel à Vénissieux. Directeur de l'Institut national de recherche pédagogique, j'ai continué à animer des séances de formation et une équipe de recherche. Directeur d'un IUFM, j'ai pris en charge plusieurs groupes de travail, tant avec des étudiants que des stagiaires, du premier comme du second degré. Et c'est au cours de longues séances avec eux que j'ai découvert les espérances mais aussi les inquiétudes qui les habitaient. J'ai été frappé, alors, par l'immense écart entre la vulgate qui circule sur les professeurs – tant dans le grand public que chez les intellectuels – et la réalité de ce qu'ils vivent. On les imagine volontiers sûrs d'eux : je les ai trouvés fragiles. On les dépeint comme des fonctionnaires recroquevillés sur leurs avantages acquis : je les ai trouvés généreux, anxieux de ne pas avoir le temps et les moyens de lutter contre les injustices sociales qu'ils voudraient bien, pourtant, contribuer à éradiquer. On voit en eux des êtres suffisants drapés dans leur savoir : je les ai trouvés en quête de méthodes capables de transmettre à tous ce pour quoi ils se passionnent.

Aujourd'hui, après avoir été sacrifiée sur l'autel de la rigueur budgétaire et du dogmatisme idéologique réunis, la formation des professeurs est en cours de reconstruction. Nous sommes nombreux à espérer qu'elle pourra offrir à ceux et celles qui se destinent à ce métier

Professeur, un métier d'expert.

un moment fort, capable, tout à la fois, de nourrir et d'outiller leur engagement sur la durée, un temps de réflexion leur permettant de penser au sens et à la portée éducative de chacune des petites décisions qui constituent l'exercice quotidien d'une profession où rien, jamais, n'est « innocent ». Pas un geste, pas un mot, en effet, qui ne fasse sens : « Mélanie, tiens, passe au tableau ! » Pourquoi Mélanie et non pas Simon ou Nora ? Pourquoi au tableau et non pas de sa place ? Pourquoi sur tel exercice et non sur tel autre ? Il y a des milliers de « pourquoi » dans ce métier et des milliers de décisions minuscules, impossibles à programmer à l'avance, mais qui en font, néanmoins, la réussite ou l'échec. Tout comme un chirurgien ou un cuisinier, un architecte ou un jardinier, un professeur est un expert : chacun de ses gestes peut compromettre tout son travail ou, au contraire, l'entraîner vers le succès.

C'est pourquoi les professeurs ont besoin d'une véritable formation : ils doivent devenir de vrais spécialistes de l'enseignement et de l'apprentissage. Ils doivent être capables de faire face avec sérénité à des situations nouvelles et imprévues. Bref, ils ont besoin de pédagogie. Faute de quoi, ils ressembleront à ces inconscients que décrivait Freud, partant pour une expédition polaire avec un casque colonial et un filet à papillons. Et, cahin-caha, ils oscilleront, toute leur carrière, entre la démission et la répression.

Or, je sais – et les enquêtes les plus récentes sur les jeunes enseignants comme mes contacts avec mes étudiants me le confirment largement – que vous autres, qui commencez aujourd'hui dans ce métier, vous ne voulez pas de cela. Je sais que vous voulez inscrire votre vie professionnelle dans un véritable projet, au service d'une École républicaine que vous voudriez plus pacifiée et plus juste, plus digne des ambitions affichées du « service public de l'Éducation nationale » réaffirmées par la « refondation de l'École ». Je sais que vous vivez douloureusement les résultats des études et comparaisons internationales qui, comme PISA, nous alertent sur la dégradation de notre système éducatif : qui pourrait se satisfaire, en effet, d'un creusement des écarts entre les privilégiés, ceux qui ont trouvé leur panoplie de bon élève au pied de leur berceau, et les exclus des savoirs, de la culture et de toute perspective de promotion sociale ? Comment accepter que nous produisions, d'un côté, des bons élèves, formatés pour de brillantes études, tandis qu'à l'autre bout de l'échelle, l'échec et la désespérance sociale se sont durablement installés ? Je sais que cela vous affecte profondément et que, même si vous contestez légitimement les palmarès internationaux à la signification douteuse, vous n'en vivez pas moins cette évolution comme une véritable blessure. Je sais que l'injustice vous est insupportable et que vous vous sentez interpellés dans ce qui fait le sens même de votre engagement. Je sais que vous ne pouvez pas, que vous ne voulez pas vous résigner à cela.

C'est pourquoi, vous souhaitez, tout naturellement, être bien informés sur les programmes et mieux outillés pour accompagner les élèves dans leur orientation. Vous avez besoin, aussi, d'être accompagnés dans la préparation des cours comme dans la gestion de la classe[2] et d'être rassurés sur les tensions avec les familles et l'administration[3]... Mais, à côté de tout cela, je crois entendre aussi, bien souvent, tapi en embuscade derrière la traditionnelle demande de « recettes », le souci de comprendre ce qui se joue au plus intime de l'acte d'enseigner, dans le colloque singulier avec la classe, quand on est seul face aux élèves et, une fois les élèves partis, seul face à soi-même.

Derrière la demande d'outils, une interrogation sur le face-à-face pédagogique

Certes, il vous faut des outils, du « concret » utilisable au quotidien : des manuels et des fiches, des modes d'emploi et des guides pratiques. Le métier, c'est aussi ça ! Il faut reprendre tous les matins le chemin de la classe, même quand on préférerait faire

2. Je vous conseille, pour cela, de lire l'ouvrage de Jean-Michel Zakhartchouk, *Réussir ses premiers cours* (Paris, ESF éditeur, 2011) puis de travailler avec l'ouvrage coordonné par Jean-Luc Ubaldi, *Débuter dans l'enseignement* (Paris, ESF éditeur, 2006).

3. Au terme de leur *Enquête sur les nouveaux enseignants* (Paris, Bayard, 2004), Patrick Rayou et Agnès van Zanten notent que les jeunes professeurs arrivent aujourd'hui dans le métier avec moins d'idéalisme que leurs aînés : leur discours est moins politique et plus pragmatique ; ils ont à cœur de faire réussir leurs élèves, mais savent aussi demander des conseils ou se tourner vers d'autres compétences face à des difficultés...

autre chose, qu'on n'a pas eu le temps de préparer ses cours, qu'on a la peur au ventre ou que la fatigue et le découragement prennent le dessus... Et là, les outils sont bien pratiques! Mais vous ne voulez pas, pour autant, vous condamner irrémédiablement à la routine et à l'insignifiance. Ni, surtout, abandonner l'espoir que « quelque chose » d'important se passe, un jour, dans votre classe. Car, c'est bien là – j'en suis convaincu – ce qui vous a fait choisir ce métier. Vous aspirez à « quelque chose » que vous ne savez pas bien définir et dont vous ne trouvez trace ni dans les savants traités de didactique, ni dans les diatribes anti-pédagogiques. « Quelque chose » qui relève de ce « je-ne-sais-quoi » ou de ce « presque-rien » dont Vladimir Jankélévitch explique que cela fait toujours – en amour comme ailleurs – « toute la différence »[4].

Car, tout étant supposé clarifié, tant dans les contenus à enseigner que dans les multiples tâches imposées par l'institution, vous savez bien – même si vous n'osez pas toujours l'avouer – qu'il y a « un reste ». Une dimension cachée, à la fois très personnelle et très universelle, qui touche au cœur même du « projet d'enseigner ». Une sorte de vibration particulière dont les professeurs sont porteurs et qui n'est pas plus réductible à la liste des compétences nécessaires pour enseigner que le son d'un violon n'est déductible de sa conception technique. Certes, il vaut mieux que le violon soit bien conçu et, à tout prendre, si l'on en a les moyens, il vaut mieux un stradivarius. Mais un excellent violon sans le talent du violoniste et l'attention des auditeurs n'est rien d'autre qu'un bel objet de décoration. Tout comme une liste de compétences qui n'est pas habitée par un projet.

> À la quête de ce qui donne sens au projet d'enseigner.

4. *Le Je-ne-sais-quoi et le Presque-rien*, Paris, Seuil, 1981. Si vous avez quelque goût pour la philosophie et la poésie, je vous suggère de déguster, de temps en temps, quelques pages de Vladimir Jankélévitch. De vous laisser entraîner par une parole, une vraie, qui tente d'aller au plus près des choses. Il faut laisser cette parole opérer sans trop chercher à tout comprendre tout de suite. Et, ici ou là, des phrases, des expressions retentissent en nous et nous aident à trouver le chemin.

Or – vous le savez bien – nous subissons, aujourd'hui, la tyrannie des « référentiels de compétences ». Que ce soit pour nos élèves, dans le cadre de la vérification de l'acquisition du « socle commun », ou pour notre propre métier, dont certains pensent qu'il se réduit à un ensemble de savoir-faire qu'il suffirait de mettre mécaniquement en œuvre. Certes, les compétences sont importantes, mais dégagées de l'intentionnalité qui les porte et les noue, elles tournent à vide ! Ainsi, entrer dans l'écriture ne se réduit pas, pour un enfant, à la maîtrise de compétences scripturales (former des lettres et des mots, fabriquer des phrases, utiliser des règles de grammaire...). Entrer dans l'écrit, c'est comprendre et vouloir communiquer en laissant une trace, à distance de l'interlocution de l'autre, en trouvant du plaisir à transformer les contraintes de la langue en ressources pour la pensée[5]. De même, enseigner, c'est préparer des cours, organiser une séquence d'apprentissage, gérer correctement des problèmes de discipline, corriger des copies, participer à des conseils d'école ou de classes. Mais, enseigner, c'est surtout être animé de la passion de transmettre des connaissances et, au-delà de ces connaissances, le désir d'apprendre et de grandir, la volonté de s'émanciper de toutes les tutelles pour pouvoir, enfin, comme le proposait le philosophe Kant, quand il définissait le projet des Lumières : « Oser penser par soi-même. »

Une identité professionnelle irréductible à la somme des tâches qui vous sont confiées.

Plus profondément peut-être, en deçà et au-delà de toutes les expertises à mettre en œuvre, être professeur, c'est une manière particulière d'être au monde. « Les autres », d'ailleurs, se gaussent volontiers de notre esprit de corps ; ils disent nous reconnaître facilement à nos comportements quotidiens, notre manière de parler – un peu tranchante et dogmatique – et nos références culturelles et politiques : gîtes ruraux et vieilles maisons à retaper, abonnement à *Télérama* et aux scènes nationales, convictions laïques et goût prononcé pour les vieux rituels scouts, sympathies

5. J'ai développé ces thèmes dans un petit ouvrage : *Pourquoi est-ce (si) difficile d'écrire ?* (Paris, Bayard Jeunesse, 2007).

altermondialistes et achats groupés de vins millésimés pour les fêtes de fin d'année !

Évidemment, « les autres » ont tort[6] ! Il y a belle lurette que le modèle a volé en éclats et que nous nous sommes dispersés sur l'échiquier social et politique... Et pourtant ! Derrière la caricature, il y a, sans doute, une certaine vérité : un professeur reste toujours, plus ou moins, « professoral ». Avec une façon particulière de regarder le monde. Une manière de se situer, d'emblée, dans un projet de transmission qui fait considérer les enfants et les savoirs de façon originale. Quand l'artiste cherche à séduire, le politique à convaincre, l'homme d'affaires à diriger, le professeur, lui, enseigne. Avec une sorte de raideur constitutive : comme corseté dans les savoirs qu'il transmet et auxquels il a juré fidélité. Mais avec, en même temps, une forme de passion : comme pour participer, dans leur transmission, au mouvement par lequel ces savoirs ont émergé dans l'histoire des hommes. Et, toujours, avec un sérieux imperturbable : comme s'il portait le futur en bandoulière et rappelait sans cesse que l'instruction des petits d'hommes ne tolère pas la futilité.

C'est tout cela qui fait le professeur. Tout cela que j'ai pu voir naître chez vous, au cours de vos études, et observer, chez moi-même et mes collègues, depuis de longues années : un projet qui dépasse, de très loin, la nécessaire définition administrative de nos tâches, une perspective qui constitue le noyau dur de notre identité professionnelle. Une chose dont on ne parle presque jamais et après quoi, pourtant, vous ne cessez de courir : un « événement pédagogique ».

> Un « événement pédagogique » que vous ne connaissez pas, mais que, pourtant, vous savez reconnaître.

Certes, vous ne savez pas précisément décrire votre attente, mais, étrangement, vous savez reconnaître sa réalisation. Ce qui se passe à

6. Comme toujours, chaque fois, qu'on réduit des personnes à la caricature qui en est faite ici ou là ! Cela vous agace profondément quand il s'agit de vous... Et vous apprendrez vite que notre métier consiste justement à aider les élèves – que ce soient des lascars de banlieue les plus conformes à l'image qu'en donnent les médias ou de jeunes filles tout droit sorties d'un magazine de mode ! – à se dégager des représentations qu'ils sont assignés à reproduire.

ce moment-là est, à proprement parler, extraordinaire : contre toutes les formes de fatalité et malgré toutes les difficultés objectives de l'entreprise, *de la transmission advient dans la classe*. Des élèves apprennent, comprennent, progressent, alors que personne ne l'attendait plus. On se prend à réussir ce que les préparations les plus sophistiquées ne pouvaient même pas laisser espérer. On s'emballe. La situation échappe tandis que, simultanément, le savoir habite complètement les paroles qui s'échangent... Le maître trouve alors autant de joie à enseigner que l'élève à apprendre ; l'effort de l'un appelle immanquablement l'effort de l'autre et la réussite commune donne à leur présence en classe une sorte d'évidence qui efface, d'un coup, toutes les pesanteurs quotidiennes et tous les problèmes institutionnels.

Pas question, pour autant, de nous réfugier dans l'ineffable, au risque de transformer l'insaisissable en outil de sélection implacable. Car nous avons été déniaisés, il y a quelque temps déjà, par les psychologues et les sociologues réunis. Les premiers, impitoyables, ne ratent pas une occasion de nous rappeler à notre condition d'êtres incarnés, inscrits dans une histoire singulière et pétris d'affects : que nous réussissions trop bien avec certains élèves dont nous tirons fierté et qui obtiennent de nous, pour leur plus grande satisfaction, des preuves d'affection, et c'est que, de toute évidence, nous laissons jouer, à notre insu, des phénomènes d'identification, voire de régression fusionnelle ! Malheur à nous, alors, qui entrons ainsi dans ce que Stefan Zweig nomme « la confusion des sentiments »[7] : rien de plus dangereux et rien de moins démocratique que ce repliement de la transmission sur l'affectivité pure, quand le savoir, de médiation devient prétexte et de prétexte se fait obstacle à la seule contemplation

7. Tel est le titre d'un de ses romans où un étudiant et un professeur d'université basculent d'une relation pédagogique à une relation passionnelle, portant ainsi à son paroxysme le phénomène bien connu du « chouchou ».

8. Bien évidemment, le passé que nous idéalisons ainsi était aussi pétri de médiocrité et, même, de terribles perversions : la littérature nous le rappelle avec insistance. Mais, étrangement, nous préférons mettre ces phénomènes sur les défauts des hommes pour préserver la perfection de l'institution. Tandis qu'aujourd'hui nous postulons le contraire : la qualité des hommes et le caractère intrinsèquement mauvais de l'institution.

réciproque de l'autre ! Ainsi, la méfiance s'impose-t-elle quand la seule satisfaction relationnelle abolit, ou fait passer au second plan, les apprentissages... D'autant plus que les sociologues viennent ici à la rescousse de leurs collègues psychologues pour aiguiser notre lucidité : attentifs à tous les phénomènes de complicité culturelle, ils savent à quel point nous pouvons être les jouets de subtils processus de « reconnaissance de classe ». Ainsi pouvons-nous croire partager des connaissances alors que nous ne partageons que des signes d'appartenance. Ainsi, les « meilleurs » de nos élèves nous signalent-ils, par de petits hochements de tête ou des sourires entendus, qu'ils ont compris le message, qu'ils sont « comme nous », intéressés par les mêmes questions et maîtrisant les mêmes codes. Notre « réussite », alors, n'est que connivence avec ceux et celles qui se reconnaissent comme nous dans « le charme discret de la bourgeoisie ».

C'est pourquoi ce que je nomme l'« événement pédagogique » relève bien de la transmission, et même d'une transmission dont l'objet a été précisément identifié, tant par celui qui enseigne que par celui qui apprend : il faut savoir ce qui se transmet et pouvoir le nommer. Il faut pouvoir aussi le parler ailleurs et l'utiliser à sa propre initiative. Il faut que s'ouvre, par là, une brèche dans toutes les formes de résignation, dans tous les « c'est pas possible ! », les « c'est pas pour moi ! » et les « je n'y arriverai pas ! ». Il faut qu'au-delà de l'événement ponctuel, du moment où le cerveau des élèves pétille – parce que le professeur a trouvé la bonne manière d'expliquer, le bon exemple, le schéma ou la situation qui fonctionnent bien – l'intelligence de chacune et de chacun se mette en mouvement. Il faut que, même ceux et celles qui ne l'ont jamais observé autour d'eux découvrent, à cette occasion, le plaisir d'apprendre, là, tout de suite... et puis, tout à l'heure, à la lecture d'un livre, à l'observation d'un phénomène banal et qui, tout à coup, devient intéressant, dans le cours de physique ou de grammaire qui paraissait pourtant si ardu... Mais aussi demain, la semaine ou l'année prochaine, dans une conférence ou à l'occasion d'un échange avec un collègue... Et, finalement, tout au long de sa vie personnelle et professionnelle.

Partager le plaisir d'apprendre et la joie de comprendre

Voilà l'essentiel et voilà qui suppose que le professeur et les élèves – bien au-delà de leurs affinités électives et de leur proximité culturelle – se mobilisent ensemble sur un objet culturel : l'effort du premier pour expliquer permet alors aux seconds d'accéder à la joie de comprendre. À une joie profondément subversive, parce qu'elle dépasse tous les obstacles et tous les clivages. À une joie proprement émancipatrice, parce que l'accès à la connaissance donne à voir et à lire, à travers les notions et les œuvres qui tissent le programme scolaire, toute la richesse du monde et de l'humaine condition[8]... Voilà le « cœur du métier », comme on dit. Voilà le phénomène central qui justifie notre engagement professionnel et peut nous permettre, sans jamais basculer dans la routine ou dans l'aigreur, de consacrer notre vie à enseigner.

Or ce phénomène-là est presque totalement absent de tous les écrits sur le métier d'enseignant et sur l'École. Il vous arrive simplement, parfois, de l'approcher, au détour d'une émotion littéraire ou cinématographique, à la lecture du témoignage d'un ancien collègue ou dans les évocations de l'École de jadis... quand le cérémonial et les comportements étaient encore régis par des règles qui rendaient parfaitement lisible « l'événement pédagogique ».

Ainsi quand le petit Marcel Pagnol évoque la classe de son père instituteur ou qu'Alain-Fournier décrit celle du Grand Meaulnes, quand vous regardez les photos de Doisneau ou pénétrez, avec le film *Être et avoir*[9], dans l'univers préservé d'une école rurale, vous avez le sentiment de retrouver enfin l'essentiel : ce qu'on vous a soigneusement caché et qui, pourtant, justifie votre engagement dans ce métier. Vous frissonnez : là, au moins, on n'avait pas encore perdu la clé ! Ce qui se passait en classe pouvait répondre à votre aspiration profonde... aujourd'hui pédagogiquement « incorrecte » !

---

8. Peut-être serez-vous intéressé, sur cette question, par la lecture de mon « manifeste » pour *Le plaisir d'apprendre* (Paris, Autrement, 2014) où, outre mes propres analyses, vous trouverez de belles contributions de collègues, mais aussi de philosophes, sociologues, journalistes, psychiatres, artistes, romanciers.

9. Ce film réalisé par Nicolas Philibert fut un énorme succès, comme tous les ouvrages qui évoquent « l'école d'antan ».

Mais c'est sans doute parce que la situation apparaît là – au contraire du tableau confus et violent que les médias renvoient de « l'école d'aujourd'hui » – dans une sorte de pureté cristalline : figée dans un tableau idyllique qui, au prix d'une simplification rétrospective, fait apparaître l'événement pédagogique avec la même évidence que le sourire de Mona Lisa[10]. Tout est à sa place pour l'éternité : les pupitres, les encriers, les cartes de France avec le découpage des départements, le poêle au fond de la salle, l'écorché sur son socle et les patères au mur. Le maître est sévère mais bienveillant, pauvre mais digne. Les élèves ont, comme il se doit, les mains tachées d'encre, mais ils sont figés dans une image idéale de l'enfance : gentils et espiègles à la fois, aussi attentifs à la leçon du maître que pressés de sortir jouer en récréation. Entre l'instituteur et les enfants, l'événement pédagogique est là, palpable, présent : l'harmonie se fait spontanément, le courant passe et la transmission s'opère.

Le sentiment que l'essentiel est à jamais perdu.

Et, justement parce qu'il est plus facilement perceptible dans ces situations archétypales, l'événement pédagogique finit par s'identifier avec elles et notre identité professionnelle risque de se réfugier dans la nostalgie d'un paradis à jamais perdu. Parce que ce qui fait sens dans le métier apparaît plus lisible dans les images d'Épinal de l'École que dans les situations contemporaines bien réelles, certains finissent par croire que l'événement pédagogique est devenu inaccessible et qu'il est aussi vain d'espérer le retrouver aujourd'hui qu'il est de bon ton de regretter le temps où il était encore possible.

Or, je voudrais vous prouver le contraire. Je voudrais vous parler de ce « je-ne-sais-quoi » qui, pendant les formations comme dans la plupart des discussions entre collègues, nous file entre les doigts. Je voudrais tenter de chercher avec vous ce qui fonctionne au cœur du

10. Bien évidemment, le passé que nous idéalisons ainsi était aussi pétri de médiocrité et, même, de terribles perversions : la littérature nous le rappelle avec insistance. Mais, étrangement, nous préférons mettre ces phénomènes sur les défauts des hommes pour préserver la perfection de l'institution. Tandis qu'aujourd'hui nous postulons le contraire : la qualité des hommes et le caractère intrinsèquement mauvais de l'institution.

Et, pourtant, tout reste possible…

métier, ce foyer mythologique d'où part l'essentiel de notre énergie et d'où vient aussi, dans les moments de déprime, notre découragement. Je voudrais vous montrer que, malgré l'avalanche des instructions plus ou moins officielles et la complexité de notre institution scolaire, malgré la lourdeur des tâches administratives que nous devons effectuer chaque jour, malgré le formatage de nos élèves par la médiocrité télévisuelle, malgré les pressions sociales qui s'exercent sur nous de toutes parts, malgré la disparition, dans notre environnement scolaire comme dans bien de nos réunions d'enseignants, de toute trace de poésie, il est encore possible que de la transmission advienne dans la classe. Et que, tout à coup, alors, le métier fasse sens.

Bien sûr, cette dimension cachée n'abolit pas miraculeusement les difficultés matérielles qui nous gâchent la vie, ni les multiples problèmes de tous ordres auxquels nous sommes confrontés en permanence. Elle ne disqualifie pas, non plus, le nécessaire travail de réflexion sur les contenus d'enseignement, ni l'investissement indispensable dans les structures institutionnelles de l'école ou de l'établissement... Mais, justement, pour faire face à tout cela, nous avons besoin de *restaurer notre unité* de temps en temps. Sinon, nous nous disperserions dans une multitude d'activités sociales, toutes éminemment respectables, mais qui, à terme, pourraient parfaitement être dévolues à une armée d'automates et de vacataires.

Je crois, aujourd'hui, qu'il est temps de regarder de près la dimension cachée de notre métier, cette intentionnalité professionnelle première qui nous institue professeur. Au sens propre du terme : elle nous fait tenir debout.

1
Entre l'amour des élèves et l'amour des savoirs, nous n'avons pas à choisir

Vous avez donc décidé d'enseigner. Vous avez été nommé dans une petite école rurale, vous êtes contractuel dans un collège de centre-ville ou vous effectuez votre stage dans un lycée professionnel de banlieue. Vous apprenez à dessiner en maternelle ou enseignez l'histoire en Quatrième. Vous expliquez la grammaire à des enfants de sept ans ou le génie électrique à des élèves de Terminale. Bref, vous voilà professeur. Professeur des écoles ou professeur des collèges et lycées... Et, d'entrée de jeu, vous vous demandez si c'est bien du même métier qu'il s'agit et si je peux m'adresser ainsi à vous, indistinctement. N'y a-t-il pas quelque tromperie à assimiler ceux qu'on nommait jadis instituteurs avec les professeurs de l'enseignement secondaire ? Forment-ils vraiment un ensemble homogène alors que tant de choses semblent les séparer ? Et n'est-ce pas, de ma part, gravement simplificateur ou terriblement hypocrite que de confondre ainsi, sous prétexte d'une dénomination administrative commune, deux métiers si différents ?

On prête à Jules Ferry cette formule lapidaire : *« On devient instituteur parce qu'on aime les enfants et professeur de mathématiques parce qu'on aime les mathématiques. »* Il n'est pas certain que l'illustre fondateur ait réellement prononcé cette phrase, mais il l'a, sans aucun doute, pensée suffisamment fort pour qu'elle s'impose à notre imaginaire collectif et suscite encore aujourd'hui, chaque fois qu'elle est prononcée, une large approbation. Certes les instituteurs ont été remplacés, depuis 1989, par les « professeurs des écoles ». Certes, les conditions de recrutement et les carrières des enseignants du premier et du second degrés ont été alignées. Mais, néanmoins, l'opinion résiste à l'idée qu'il s'agirait bien du même métier et les étudiants font toujours la différence entre une fonction qui exigerait, d'abord, une bonne dose de psychologie et, accessoirement, quelques connaissances disciplinaires... et une fonction qui réclamerait, essentiellement, un excellent niveau de maîtrise dans une discipline et, accessoirement, quelques notions de pédagogie. Plus fondamentalement encore, le métier de professeur des écoles évoque immanquablement un rapport particulier à l'enfance, fait de patience et de sollicitude, tandis que le métier de professeur de collège et de lycée renvoie à un rapport privilégié au savoir savant, fait d'impatience et de rectitude. Dans le premier degré, on se penche vers l'élève qu'on accompagne doucement, tandis que, dans le second degré, au contraire, on exige que l'élève se redresse, cesse de s'éterni-ser dans l'enfance et se soumette, enfin, à la discipline qui s'impose à lui.

> Professeur des écoles et professeur de collège ou lycée : un seul et même métier ?

On dira, d'ailleurs, que ce clivage s'impose au regard même des missions que l'institution scolaire confie à ses professeurs : à l'école primaire, on enseigne toutes les disciplines tandis que, dans l'enseignement secondaire, le professeur se consacre tout entier à l'une d'entre elles. Dans un cas, il doit s'intéresser à l'enfant dans sa globalité, dans l'autre se spécialiser étroitement... Mais c'est aller un peu vite en besogne : c'est oublier que nous avons eu, au collège, pendant de nombreuses années, des professeurs polyvalents et qu'il existe, à l'école primaire, depuis longtemps, des intervenants spécialisés en musique, dessin ou éducation physique. C'est oublier que la monovalence des professeurs de lycée ne les empêche pas d'enseigner plusieurs disciplines selon des associations que l'université méconnaît ou réprouve : l'histoire et la géographie, la physique et la chimie, la biologie et la géologie, le français et le latin, l'économie, la gestion, le droit et l'informatique, ou encore les biotechnologies qui associent la biochimie, les sciences de l'habitat,

> En primaire comme au secondaire : des contenus exigeants et une nécessaire compétence pédagogique.

l'écologie, la biologie et la nutrition ! C'est oublier, enfin, que, dans l'enseignement professionnel, il existe des professeurs qui enseignent les lettres et l'histoire, les mathématiques et les sciences physiques, ou encore les sciences et techniques médico-sociales qui doivent bien mettre à contribution une dizaine de disciplines différentes.

Ainsi faut-il dépasser la représentation traditionnelle qui oppose l'enseignement primaire et l'enseignement secondaire. Il n'y a pas, d'un côté, des animateurs bienveillants sans véritables compétences disciplinaires et, de l'autre, des experts spécialisés, sans souci d'accompagnement des personnes.

À l'école primaire, comme au collège et au lycée, il y a des contenus rigoureux qui nécessitent une connaissance approfondie de ce que l'on enseigne et des mécanismes mentaux que cela impose de mettre en œuvre : il n'est pas plus facile d'apprendre à des enfants d'école maternelle à s'exprimer correctement que de faire accéder des élèves de Quatrième au théorème de Pythagore. Il est aussi difficile d'enseigner la lecture en cours préparatoire que d'introduire des adolescents de Première à la poésie de Mallarmé. Il est aussi exigeant de former des élèves de huit ans à la démarche expérimentale ou de les initier à l'expression artistique que de présenter à des jeunes de dix-sept ans la philosophie de Platon ou les principes de fonctionnement d'une armoire électrique...

Et, de la même manière, au collège et au lycée comme à l'école primaire, la maîtrise des contenus disciplinaires, aussi parfaite soit-elle, ne donne pas automatiquement les clés de leur transmission. Il ne suffit pas de savoir lire pour pouvoir enseigner la lecture à des enfants, pas plus qu'il ne suffit de savoir sauter en hauteur pour être professeur d'éducation physique et sportive : il faut aussi pouvoir apprendre cette technique à un enfant en surcharge pondérale et lui permettre, en dépit de l'inévitable médiocrité de ses performances dans ce domaine, d'y acquérir une vraie compétence. Et s'il faut, bien sûr, connaître parfaitement le déroulement de la Seconde Guerre mondiale pour la présenter correctement à des élèves de lycée, cela ne suffit pas pour leur faire comprendre – sans, pour autant, en justifier l'existence – les raisons de la montée de l'antisémitisme et, *a fortiori*, pour leur montrer, sans concession ni obscénité inutile, le caractère radical de la Shoah… bref, pour leur fournir des connaissances historiques rigoureuses tout en éveillant leur conscience citoyenne.

Il ne peut donc être question d'opposer un métier « centré sur l'élève », qui prendrait le temps d'aider chacun à comprendre et à surmonter les obstacles qu'il rencontre… avec un métier « centré sur les savoirs » qui se contenterait de transmettre des connaissances à des sujets qu'on exhorterait au travail personnel, à l'effort quotidien et à un investissement autonome. Dans tous les cas, le professeur doit, à la fois, permettre à chaque élève de se confronter avec un savoir qui le dépasse et lui fournir l'aide nécessaire pour se l'approprier, solliciter l'engagement de la personne et mettre à sa disposition les ressources sans lesquelles l'apprentissage ne pourrait réussir.

> L'apprentissage est une prise de risque difficile que nous devons accompagner.

Il ne faudrait pas croire, en effet, que le suivi pédagogique des élèves soit systématiquement un maternage permanent, une manière de céder à leurs caprices ou de les laisser s'abandonner à la facilité, avec la douce certitude qu'ils seront toujours rattrapés… Pas plus que la confrontation avec des savoirs de haut niveau n'implique un abandon des personnes en difficulté devant les obstacles qu'elles rencontrent, le renvoi à la seule initiative personnelle ou à un hypothétique soutien extérieur, avec la terrible inquiétude de jouer son destin à chaque étape sans pouvoir jamais disposer d'une session de rattrapage… Ni maternage, ni abandon, *tout véritable enseignement assume, à la fois, le caractère inquiétant de la rencontre avec l'inconnu et l'accompagnement d'un professionnel qui apporte la réassurance nécessaire*. Il n'exonère pas l'élève de se jeter dans le vide, mais il lui indique quelques prises et prévoit une corde en cas de faux pas.

À l'occasion de chaque apprentissage, l'élève est confronté à quelque chose qui le dépasse. Quelque chose qui sollicite, de sa part, un engagement et une prise de risque que nul ne pourra assumer à sa place : entrer dans un texte et le lire jusqu'au bout, réciter un poème devant la classe, tenter de résoudre un problème de mathématiques ou d'enchaîner deux mouvements de gymnastique… tout cela n'a rien d'évident. Et il faut que nous soyons bien oublieux de notre propre histoire pour imaginer qu'un enfant peut le faire sans « prendre sur lui », retenir son souffle un moment, compter « un, deux, trois » sur ses doigts derrière son dos... Il faut que nous ayons perdu la mémoire de nos propres apprentissages pour croire qu'un regard du maître, même particulièrement attentif et bienveillant, dispense de l'effort par lequel on s'échappe, avec mille appréhensions et difficultés, aux sables mouvants du « je n'y arriverai pas »...

Les savoirs des petits ne sont pas des petits savoirs. Ni par l'importance décisive des capacités mentales qu'ils permettent de construire, ni par l'investissement personnel qu'ils requièrent. Et, s'il revient aux adultes d'accompagner au plus près, dans leurs apprentissages, les élèves d'école primaire, cela ne dispense jamais ces derniers, même très jeunes, de leur investissement et de leur effort : l'énergie et la volonté nécessaires pour accéder aux langages fondamentaux sont tout aussi importants que pour s'approprier des connaissances universitaires !

Symétriquement, les apprentissages les plus savants, même s'ils se présentent à un moment de notre évolution où nous avons déjà appris à faire face à l'inconnu et à pactiser avec l'angoisse, ont besoin d'être accompagnés et soutenus. Seuls ceux qui, une fois adultes, n'apprennent plus rien, peuvent imaginer que les grands élèves apprennent facilement. Que le savoir n'a qu'à leur être présenté et qu'ils se l'approprient « naturellement ». Qu'ils n'ont besoin ni d'écoute attentive, ni de compréhension bienveillante. Qu'ils se dirigent seuls vers les ressources nécessaires et remettent sans cesse leur travail en chantier sans jamais se décourager. Les apprentissages des grands ne sont pas miraculeusement délivrés de la part d'enfance que nous gardons en nous... puisque, justement, apprendre, c'est naître à autre chose, découvrir des mondes que nous ignorions jusque-là. Apprendre, c'est voir vaciller ses certitudes, être déstabilisé et avoir besoin, pour ne pas se perdre ou se décourager, de repères stables que seul un professionnel de l'enseignement peut fournir.

> Être professeur c'est toujours assumer, en même temps, la présentation des savoirs et le suivi de leur appropriation.

Ainsi, professer est bien toujours le même métier, qu'il s'exerce dans une école maternelle ou dans une classe terminale, qu'il s'agisse de transmettre les bases de la classification décimale ou la technique de la dérivée, que cela s'effectue avec des élèves ordinaires ou des élèves qu'on dit aujourd'hui « à besoins éducatifs spécifiques ». C'est toujours le même métier : un métier qui associe, dans un seul et même geste professionnel, *le savoir et le suivi*. Un savoir exigeant, sans concession sur le fond. Et un suivi qui permette à chacun d'accéder à ce savoir en utilisant les ressources qui sont mises à sa disposition.

Plus encore : *le savoir et le suivi* sont, du point de vue du professeur, une seule et même chose. Il n'existe pas, d'un côté, un savoir disciplinaire que l'enseignant n'aurait qu'à exposer ou transposer devant les élèves tandis que, d'un autre côté, il lui faudrait être attentif aux difficultés de la classe et proposer à chacun des exercices adaptés. C'est dans le mouvement même du savoir enseigné qu'apparaissent, au plus intime de ce dernier, en ses plis les plus secrets, les obstacles à son enseignement. Ces obstacles sont-ils du registre du savoir ou de celui des élèves ? Question sans intérêt et impossible à trancher : les obstacles émergent de la rencontre du savoir et des élèves. Ils émergent quand le professeur cherche à faire entendre comment sont organisées les connaissances et que les élèves lui renvoient leur propre organisation mentale qui ne parvient pas encore, pas facilement, à se les approprier.

> C'est dans les situations limites qu'on éprouve le mieux la spécificité de notre métier.

C'est pourquoi, sans doute, depuis qu'Itard, au XVIIIe siècle, a tenté d'instruire Victor de l'Aveyron – « l'enfant sauvage » qu'on retrouve dans le célèbre film de François Truffaut – ce sont toujours les éducateurs des « anormaux » qui ont fait progresser la pédagogie, et cela au bénéfice de tous les autres. Ce sont eux qui ont inventé les méthodes les plus originales qui, ensuite, ont été reprises systématiquement dans les écoles des enfants ordinaires : ainsi en est-il, aussi bien, des puzzles et autres jeux de construction qu'on utilise dans les écoles maternelles que des logiciels sophistiqués qui permettent, aujourd'hui, d'apprendre à dessiner en trois dimensions.

J'ai toujours été frappé par le fait que ceux qui tentent d'enseigner aux élèves en situation de handicap mental ou cérébro-lésés sont amenés à effectuer un travail de décomposition des connaissances qui les met en position, tout à la fois et simultanément, de comprendre de l'intérieur – et, souvent, mieux que leurs collègues qui enseignent à des « enfants ordinaires » – ce qu'ils cherchent à transmettre et de comprendre aussi précisément, – mieux que beaucoup de psychologues – comment fonctionne l'intelligence de ceux à qui ils s'adressent. C'est parce qu'ils travaillent en même temps les deux faces d'une même réalité, qui constitue le cœur du métier de professeur : la transmission.

Ainsi, avez-vous peut-être choisi l'enseignement primaire parce que vous aimiez les enfants ou l'enseignement secondaire en raison des relations particulières que vous entreteniez avec l'espagnol. À moins que vous n'ayez choisi d'enseigner à l'école primaire parce que vous appréciez tout spécialement les contes fantastiques ou dans un lycée parce que vous aviez particulièrement envie de travailler avec de grands adolescents. Peu importe après tout[1]. Où que vous enseigniez et quel que soit votre public, *vous enseignez toujours quelque chose à quelqu'un*. Aucun professeur n'enseigne rien. Aucun professeur n'enseigne à personne. Tout professeur travaille sur cette association difficile entre des objets de savoir et des sujets qui doivent se les approprier. C'est pourquoi un professeur n'est ni un « simple » savant, ni un « simple » psychologue. Ce n'est pas, non plus, une « simple » juxtaposition de l'un et de l'autre. C'est autre chose. Ou plutôt quelqu'un d'autre. Quelqu'un qui a son projet propre... Et c'est pourquoi, au sens le plus fort de cette expression, « c'est quelqu'un ! ».

> Quoi qu'il enseigne et où qu'il enseigne, un professeur enseigne toujours quelque chose à quelqu'un...

Mais, d'ailleurs, vous le saviez déjà. Et c'est pour cela, précisément, que vous avez choisi ce métier.

---

1. D'après une étude de la Direction de l'évaluation et de la prospective du ministère de l'Éducation nationale, 49 % des enseignants des lycées et collèges disent avoir choisi cette profession pour « le contact avec les élèves » et 47 % pour « la transmission des savoirs » m(*Évaluation et statistiques*, « Portrait des enseignants de collège et lycées », ministère de l'Éducation nationale, Paris, avril 2005).

2
Nous enseignons pour faire vivre à d'autres la joie de nos propres découvertes

Je fais le pari que, si vous êtes aujourd'hui professeur, c'est qu'un jour ou l'autre, au cours de votre scolarité, vous avez rencontré un professeur dont la voix résonne encore en vous. Peut-être, l'avez-vous repéré dès le jour de la rentrée et vous êtes-vous dit : « Celui-là – ou celle-là –, ce n'est pas pareil! »... Ou bien, il vous a apprivoisé petit à petit, tout au long de l'année, au point que, le jour des vacances, vous aviez le cœur gros et avez fui les réjouissances habituelles pour aller bouder seul dans un coin. Vous n'avez jamais vraiment avoué à personne l'importance que cela avait eu pour vous. Surtout pas aux copains et aux copines! Ce genre d'aveu est impardonnable et condamne, pour longtemps, aux moqueries ou à la persécution. Vous n'avez rien dit à vos parents, non plus : satisfaits de voir leur enfant apprécier l'École, mais soupçonneux à l'égard de celui dont l'influence pourrait concurrencer la leur. Depuis cette vieille histoire de joueur de flûte[1], les adultes nourrissent toujours quelque inquiétude vis-à-vis de quiconque séduit leur progéniture : ils ont tous, quelque part,

À l'origine de notre vocation, une rencontre fondatrice.

1. Il s'agit, bien sûr, de la célèbre légende du joueur de flûte de Hamelin, conte médiéval repris par les frères Grimm, mais aussi Hugo, Baudelaire ou Camus. On trouve de beaux albums pour enfants sur cette légende dont *Le Joueur de flûte de Hamelin*, Paris, Soleil productions, 2003.

une dette impayée et craignent qu'on la leur fasse payer trop cher : en volant leur fils ou leur fille.

Aussi, le plus souvent, cette rencontre est-elle demeurée pour vous une affaire intime... Pourtant, à partir de ce jour-là, vous vous êtes mis à travailler autrement. À écouter autrement, à regarder autrement, à vivre autrement ce qui se passait en classe : vous étiez, enfin, *présent* en cours. Pas une présence épisodique, quand on « se branche » entre deux rêveries, tout en continuant à fixer d'un œil l'aiguille de la montre. Mais une présence d'une densité particulière. Le sentiment que « quelque chose » d'important se passe qui vous implique tout entier : le cœur et l'intelligence. Une certaine exaltation même, que vous n'auriez jamais soupçonnée et que vous ne savez pas nommer : « L'anglais ou la biologie... maintenant ça m'intéresse ! ». L'expression est bien étriquée, d'ailleurs, pour une réalité si particulière : un accord presque parfait, une façon d'entrer en relation, par l'intermédiaire d'un autre être, avec un objet de savoir qui – même si vous n'en avez pas encore conscience – vous tire vers le haut et vous aide à grandir. Certes, toutes les difficultés n'ont pas miraculeusement disparu du jour au lendemain, mais quelque chose a changé : il existe maintenant, pour vous, un avenir possible de l'apprendre. Vous avez éprouvé cette forme de jubilation de l'esprit qui, tout à coup, s'accorde avec le monde qu'il découvre. On ne ressort pas indemne de cette aventure-là [2].

Nous restons, toute notre vie, l'élève du maître qui nous a ouvert la porte des savoirs.

Et c'est probablement une des principales caractéristiques de notre humaine condition que d'avoir besoin, pour faire cette expérience, de la médiation d'un homme ou d'une femme dont l'esprit s'est, auparavant, emparé d'un

2. 66 % des enseignants des lycées et collèges reconnaissent que leur choix professionnel a été dicté très tôt par la rencontre avec un de leurs enseignants au cours de leur scolarité, contre 29 %, seulement, qui avouent l'influence de leurs parents (*Évaluation et statistiques*, « Portrait des enseignants de collège et lycées », ministère de l'Éducation nationale, Paris, avril 2005). Nous ne disposons pas de chiffres pour les enseignants du premier degré, mais nous pouvons faire l'hypothèse que les résultats, même un peu inférieurs, donneraient encore une importance très grande à la rencontre avec un « modèle » dans le choix du métier.

objet de savoir et dont la parole parvient à nous le rendre accessible. Sans doute serions-nous moins vulnérables – parce que plus « suffisants », à tous les sens du terme – si nous étions capables de faire cette expérience seuls. Mais Robinson Crusoé, lui-même, n'apprend que par la médiation des objets qu'il recueille dans l'épave du bateau et aucun « enfant sauvage », privé durablement de la présence des hommes à ses côtés, n'a jamais pu devenir adulte[3].

Ainsi nous faut-il être introduits dans le monde et accompagnés vers la connaissance. Ainsi restons-nous à jamais débiteurs de celui ou celle qui, à côté des apprentissages mécaniques et de routine, nous a laissé entrevoir ce qu'est véritablement apprendre. À jamais débiteurs et à jamais élèves. Comme Albert Camus qui, au lendemain de sa réception du prix Nobel, exprime sa gratitude à son maître d'antan, monsieur Germain, sans qui, dit-il, *« rien de tout cela ne serait arrivé »* avant de signer : *« un de vos petits écoliers qui, malgré l'âge, n'a pas cessé d'être votre reconnaissant élève »*... C'est que ce n'était pas rien, la classe de monsieur Germain : *« Pour la première fois, (des élèves) sentaient qu'ils existaient et qu'ils étaient l'objet de la plus haute considération : on les jugeait dignes de découvrir le monde*[4]*. »* C'est pour cela qu'on est « élevé ». Et qu'on reste, à jamais, élève.

Et nous avons tous, vous et moi, un monsieur Germain dans notre histoire. Parfois, nous l'avons oublié un moment, mais son influence a néanmoins contribué à nous construire. Un jour, quand il nous a fallu choisir des études, esquisser une orientation professionnelle, l'image de notre monsieur Germain nous est revenue. Fugacement ou durablement. C'est une leçon d'arithmétique sur la proportionnalité – vieux souvenir d'école primaire – qui nous amène insensiblement vers le professorat, quand les pressions familiales nous poussaient, tout naturellement, à devenir ingénieur. C'est ce sentiment, découvert en éducation physique, de maîtriser complètement

---

3. Voir Lucien Malson, *Les Enfants sauvages*, Paris, 10/18, 1964. Si la question vous intéresse, lisez ce livre qui retrace l'histoire des principaux « enfants sauvages » retrouvés sur la planète. Avec une belle réflexion sur « l'humaine condition ».

4. Albert Camus, *Le Premier Homme*, Paris, Gallimard, 1994, page 56.

son effort, d'ajuster précisément son mouvement, d'habiter totalement son corps grâce à l'intelligence de son activité motrice, qui peut, un jour, faire choisir une carrière de professeur d'éducation physique et sportive, quand il serait tellement plus prestigieux de s'engager dans la compétition. C'est le souvenir du caractère absolument fabuleux de l'apprentissage de la lecture ou du mystère infiniment précieux que recèle toute carte de géographie qui peut nous décider à ouvrir, à notre tour, les portes de l'inconnu à d'autres enfants. C'est l'évocation d'une expérimentation scientifique qui nous a mis, tout à coup, en face de perspectives fantastiques, ou encore l'émerveillement devant un texte littéraire, pourtant apparemment bien ingrat mais qu'on finit par se réciter cent fois par jour tant il nous est devenu nécessaire... c'est tout cela qui nous encourage à chercher à faire advenir, à notre tour, l'événement pédagogique.

Dès lors, rien d'extraordinaire à ce que nous considérions notre métier comme un moyen de faire vivre à d'autres la joie de découvertes que nous avons nous-mêmes vécues. Il y a, chez tout professeur, la nostalgie d'une « scène primitive », comme disent les psychanalystes, qu'il entretient jalousement. Et rien de malsain dans ce phénomène. Tout au contraire : une extraordinaire source d'énergie. Un repère aussi, une balise pour naviguer par gros temps. Car, la fidélité à cet événement fondateur fournit encore un horizon possible quand les conditions d'exercice du métier changent, que les programmes évoluent et que tout ce qui, dans l'École, nous rappelait notre propre scolarité, a disparu.

> À nous de faire vivre à d'autres l'événement fondateur que nous avons vécu.

Ainsi enseignons-nous d'abord pour nous montrer digne de celui ou celle qui nous a, jadis, enseigné. C'est même là, peut-être, que nous puisons la détermination et l'énergie pour passer sous les fourches caudines d'un concours de recrutement aux épreuves toujours difficiles, souvent ingrates et rarement pertinentes au regard du métier que nous aurons à exercer. Le rite initiatique joue ici à plein et opère la transsubstantiation qui nous permet d'espérer, enfin, être à la hauteur du maître. Exigence évidemment impossible à satisfaire : nos souvenirs d'élèves sont toujours, aussi, des souvenirs d'enfance... d'avant la découverte de l'inévitable médiocrité du monde. Du temps où nous parvenions encore à oublier les autres autour de nous, ceux qui, contrairement à nous, ne parvenaient pas à prendre plaisir à agencer la phrase ou à résoudre l'exercice, ceux qui restaient au bord du chemin, comme nous-même, peut-être, à une autre époque ou dans une autre discipline[5]...

C'est pourquoi, sans doute, tout professeur rêve-t-il son métier comme la transmission de trésors fascinants à des disciples conquis. C'est pourquoi il aspire à « un événement pédagogique total », tel Socrate, dans *Phèdre* de Platon[6], qui devise aimablement avec son élève en se promenant au bord d'un ruisseau : *« Tournons par ici et descendons l'Illissos : nous nous assoirons tranquillement à l'endroit qui nous plaira. [...] Je crois que je ferai bien de me coucher sur l'herbe ; pour toi, prends la position qui te paraît la plus commode pour faire la lecture et commence. »* Situation idyllique où la communion est telle entre le maître et son disciple que c'est ce dernier qui, au moment de partir, marque le pas : *« Pas encore, Socrate, pas avant que la chaleur soit passée. Ne vois-tu pas qu'il va être midi, l'heure de la grosse chaleur ? Restons plutôt à causer de ce que nous venons de dire... »*

Une aspiration légitime à la rencontre idéale avec des élèves parfaits.

Évidemment, nous savons bien qu'il y a belle lurette que l'Illissos ne passe plus au pied de l'estrade. Nous avons parfaitement compris que la transmission est maintenant enrégimentée, qu'elle s'effectue dans des espaces et des horaires contraints, sur des programmes imposés et avec une multitude de tâches d'encadrement auxquels nous ne pouvons nous dérober : vérification des absences, correction des copies et évaluations de toutes sortes, réunions de concertation, rencontre avec les familles, rédaction de multiples projets et de nombreux rapports. Et pire encore, plus lourd à porter que le

---

5. 87 % des enseignants du second degré se décrivent comme d'anciens bons élèves dans leur discipline (*Évaluation et statistiques*, « Portrait des enseignants de collège et lycées », ministère de l'Éducation nationale, Paris, avril 2005). Mais ne vous inquiétez pas si vous ne faites pas partie de cette immense majorité. L'enquête ne dit pas que seuls ces « anciens bons élèves » font d'excellents professeurs.

6. Traduction d'Émile Chambry, Paris, Garnier-Flammarion, 1992, pages 116, 119 et 135.

poids de l'administration, l'ingratitude de nos élèves : car, même s'il espère toujours secrètement qu'un jour, il n'en sera plus ainsi, tout professeur constate l'impatience de ses élèves au moment de la récréation. Il attend secrètement – et, bien souvent, vainement – qu'un disciple vienne lui dire tout bas : *« Pas encore, Monsieur, restons plutôt à causer de ce que nous venons de dire... »*

Mais, comme l'explique Daniel Hameline à ceux et celles qui rêvent encore que la classe soit une vraie fête du savoir, une célébration collective consentie de l'intelligence des choses, un groupe de découverte joyeux et spontané, *« la fête est désormais ailleurs »*.

Une déception inévitable mais douloureuse.

Irrémédiablement, pour l'immense majorité de nos élèves, il n'y aura plus jamais de fête à l'école... puisque, justement, « la fête, c'est quand il n'y a pas école[7] » !

Nous voilà donc bien démunis, vivant dans l'espérance de ce qui semble désormais impossible. Ayant choisi un métier pour y réaliser ce qui s'y avère inaccessible. Perpétuellement insatisfaits et attendant vainement, chaque année, d'avoir, enfin, « la bonne classe », « les bons élèves » avec qui nous pourrons rejouer la scène primitive où notre choix professionnel prend sa source. C'est pourquoi, peut-être, la promotion, dans l'Éducation nationale, consiste-t-elle à se rapprocher, en fonction de l'ancienneté et du barème, de ces publics choisis – les « grands lycées », les classes préparatoires aux grandes écoles – où nous avons – croyons-nous – un peu plus de chance de retrouver ce à quoi nous aspirons légitimement. Mais un peu plus de

---

7. *Le Domestique et l'affranchi, Essai sur la tutelle scolaire*, Paris, Éditions ouvrières, 1977, pages 167 à 180. Si vous avez quelque goût pour l'histoire et la philosophie de l'éducation, il faut absolument lire les ouvrages de Daniel Hameline. Il fût et reste pour moi un maître, au sens le plus fort du mot. Engagé, dans les années 1960, dans une expérience de « pédagogie non directive » (et, contrairement à ce qu'on raconte, ils n'étaient pas nombreux à explorer cette voie : quelques dizaines tout au plus !), il sut l'analyser avec une belle lucidité (*La Liberté d'apprendre. Situation 2*, en collab. avec Marie-Joëlle Dardelin, Paris, Éditions ouvrières, 1977). Depuis il s'efforce de trouver « une parole juste » sur les questions d'éducation, loin des délires technologiques et des pamphlets à la mode. Son livre *Les Objectifs pédagogiques en formation initiale et continue* (Paris, ESF éditeur, 14e éd., 2005) est, tout à la fois, un outil de formation et un texte de réflexion sur les enjeux de la pensée pédagogique... avec une bonne dose d'humour en prime !

chance seulement : car, même à l'université, on déchante vite ! Et l'on reste bien souvent seul, à la fin du cours, à attendre vainement la phrase qui justifierait, enfin, tous nos efforts : *« Pas encore, Monsieur, restons plutôt à causer de ce que nous venons de dire... »*

Voilà des choses qu'on ne dit guère et qui sont, pourtant, notre lot commun : nous vivons tous dans un écart, difficile à accepter, entre notre idéal et notre quotidien. Et nous en souffrons : plus ou moins ostensiblement, parfois en retournant la souffrance contre nous-même – « Je suis vraiment un incapable et je n'aurais jamais dû faire ce métier ! » – parfois en la transformant en agressivité contre « la pseudo-démocratisation de l'École » et « la baisse du niveau encouragée par des politiques démagogiques » ! Croyez-moi : aucun professeur n'est à l'abri de ces plaintes. Et ne soyez pas culpabilisé d'y céder parfois. C'est l'inévitable revers de la médaille. Le verso de l'ambition lumineuse qui nous a fait choisir ce métier...

Je suis d'ailleurs le premier à comprendre – pour l'avoir souvent vécu – ce sentiment d'agacement devant ce qui nous apparaît comme des persécutions administratives dérisoires au regard de notre projet d'enseigner : *« Monsieur Meirieu, vous n'avez pas rempli correctement le cahier de textes de la classe... Vous êtes en retard pour vos bulletins... Avez-vous oublié les dernières instructions ministérielles sur la grammaire ? Avez-vous pris la peine de convoquer les parents de cet élève ? De signaler cet autre au conseiller d'éducation et de voir l'assistante sociale pour évoquer le cas de ce troisième ? »* Ou encore : *« Monsieur Meirieu, vous n'avez rien fait pour la semaine de la presse à l'école, que pensez-vous faire pour la semaine contre le racisme ? Ne sous-estimez-vous pas votre rôle d'éducation à la santé ? Vous semblez oublier nos responsabilités en matière de prévention routière. Et êtes-vous vraiment sûr que ce livre sur lequel vous apprenez à lire à vos élèves soit au programme ? »* On finit par craquer ! Et, dans les moments de colère, par se demander si ceux qui sont chargés d'administrer notre institution n'ont pas d'abord pour objectif de nous empêcher d'enseigner !

> L'agacement devant des exigences institutionnelles qui nous paraissent si loin de l'essentiel.

Et, sans doute, les responsables de la machine-école n'ont-ils pas vraiment pris la mesure de ce phénomène. On se demande même, parfois, s'ils ne rêvent pas d'une institution sans professeur : une sorte de self-service où les élèves seraient pris en charge, alternativement, par des ordinateurs et des intervenants extérieurs, avec évaluation en temps réel des compétences acquises et reventilation immédiate en « groupes provisoires et adaptés ». Les directeurs et les chefs d'établissements pourraient ainsi, à partir d'un « diagnostic partagé », piloter au plus près de l'efficacité immédiate, repérer au mieux les réfractaires et mettre en place les remédiations requises... sans avoir à s'encombrer des états d'âme de professeurs qui rêvent encore de se promener, de temps en temps, au bord de l'Illissos !

Je n'ai, pour ma part, pas la moindre inclination pour cette songerie technocratique qui évoque les tableaux les plus sombres de la science-fiction. Certes, j'ai été – et demeure – un farouche partisan de la « pédagogie différenciée », mais, pour ma part, je ne l'ai jamais conçue comme une mécanique technocratique qui soumettrait tout élève à des batteries de tests permanents permettant d'imposer à chacun les connaissances et les méthodes qui correspondraient strictement à son niveau et à ses besoins. Cette vision, qui nourrit très largement aujourd'hui le discours dominant sur « l'individualisation », est, tout à la fois, une erreur et une faute. Une erreur, car elle postule que l'analyse du donné permet de déduire « ce qui convient » à chacune et à chacun, de déterminer, à coup sûr, ce qui peut l'aider et le faire progresser. Or, en pédagogie, la solution est toujours à inventer, elle ne peut se réduire à une simple « remédiation technique » : ce n'est pas parce que je connais l'origine psychologique ou sociologique du blocage d'un élève, ni parce que je comprends – ou crois comprendre – ce qui, pour lui, fait obstacle à la connaissance, que je dispose automatiquement du bon exemple, du bon dispositif pédagogique, du bon projet grâce auquel je vais pouvoir le mobiliser et le faire accéder à de nouveaux savoirs. La connaissance de l'élève – pour autant qu'elle soit possible – ne nous livre pas miraculeusement des clés pour l'action ; tout au plus, peut-elle nous éviter des erreurs, nous aider à ajuster une intervention

Les ambiguïtés de la pédagogie différenciée

dont le contenu sera plutôt à chercher dans notre panoplie méthodologique – enrichie par le travail d'équipe avec nos collègues – afin d'offrir de nouvelles prises aux élèves pour qu'ils se mobilisent sur les savoirs et se les approprient... D'autant plus que la conception mécanique de la pédagogie différenciée n'est pas seulement une erreur méthodologique, c'est aussi une faute. En effet, en cherchant systématiquement la solution pédagogique dans le passé de l'élève, on risque de l'y enfermer : à ceux dont on aura observé qu'ils sont lents et apprécient de remplir seuls des fiches, on proposera de ralentir le rythme et de se cantonner dans des formes strictement individuelles de travail, tandis qu'à ceux qui sont plus à l'aise dans les travaux de groupe, on suggèrera de les multiplier. Autant dire qu'on privera les uns et les autres de la découverte de stratégies qui pourraient justement leur permettre de se dépasser et de se développer... Au total, cette conception de la différenciation, très proche d'une pratique du soin médical conçue à partir du modèle du « corps-machine », assujettie au couple « diagnostic/remède », privilégiant systématiquement la réparation à la prévention, l'intervention individuelle au détriment de la construction du collectif, nous exonère du vrai travail pédagogique, celui qui consiste à explorer et réexplorer sans cesse les savoirs que nous devons transmettre pour y découvrir de nouvelles occasions de mobiliser l'intelligence de nos élèves[8].

C'est pourquoi j'ai toujours défendu une conception « ouverte » de la pédagogie différenciée, une conception qui associe la diversité méthodologique, l'attention aux difficultés des élèves et l'inventivité pédagogique. La diversité méthodologique d'abord : il nous faut articuler, en classe, des temps d'exposé collectif et d'appropriation individuelle, des moments de travail de groupe et de recherche documentaire, du monitorat entre élèves, des exercices personnels d'entrainement et des synthèses magistrales... comme il nous faut

8. Peut-être serez-vous intéressé, à ce sujet, par mon étude sur les « lieux communs » de la pédagogie contemporaine (les « méthodes actives », l'individualisation, la motivation, le respect de l'enfant, etc.) dans laquelle je montre, en étudiant leurs conditions d'apparition et de mise en œuvre, les ambiguïtés – et, parfois, les contradictions – dont ils sont porteurs : *Pédagogie : des lieux communs aux concepts clés*, Paris, ESF éditeur, 2013.

alterner des temps d'observation et de réflexion, des phases d'exploration et de formalisation, des expérimentations et des explications systématiques... dès lors, bien sûr, que tout cela est clairement inscrit dans une démarche cohérente, présenté et rappelé systématiquement aux élèves. C'est ainsi que, non seulement, nous multiplierons les prises offertes aux élèves pour se saisir des connaissances que nous leur transmettons, mais aussi leur offrirons la possibilité de découvrir des stratégies d'apprentissage qui leur permettront de s'enrichir...

Et cette diversité méthodologique raisonnée n'est pas un obstacle, bien au contraire, à l'attention aux difficultés personnelles des élèves : grâce à elle, nous pourrons mieux observer les situations qui aident et celles qui bloquent, grâce à elle, nous pourrons, chaque fois que cela sera nécessaire, interrompre le déroulement collectif de la classe pour introduire des temps de reprise ou d'approfondissement différenciés en « groupes de besoin » ou sous forme de travail individuel. L'occasion, donc, de prendre de l'information pour enrichir et rendre plus rigoureuse encore notre progression...

Rien de mécanique, on le voit, dans cette démarche : tout au contraire, un travail de réflexion et d'invention permanente... et qui sera d'autant plus riche, bien entendu, que nous l'effectuerons en équipe, avec nos collègues, nous transformant ainsi, de la maternelle à l'université, en véritables « enseignants-chercheurs ». C'est ainsi que la pédagogie différenciée, loin de faire de nous des distributeurs automatiques de remédiations individuelles en fonctions de diagnostics hypothétiques, nous renverra au cœur de ce qui nous constitue comme « professeurs », notre rapport vivant aux savoirs que nous enseignons et explorons simultanément. C'est ainsi qu'en la mettant en œuvre, nous sommes et restons d'abord de vrais professeurs... C'est ainsi que moi-même, je reste d'abord professeur et, comme vous, je ne suis vraiment heureux que quand je m'approche un peu de ma source intérieure, quand je sors d'un cours avec le sentiment que « ça a marché ».

Je sais bien qu'en avouant cela, je prends le double risque de la niaiserie et de la provocation. Niaiserie au regard des esprits forts des sciences dites « humaines » qui risquent de me ranger définitivement dans le camp des ringards : *« Voilà que Meirieu se perd dans l'indicible... Un peu plus et il va nous faire une crise de mysticisme! »*. Provocation aux yeux des défenseurs des « savoirs disciplinaires » qui voient en moi un fossoyeur de la culture : *« Après tous les discours qu'il a tenu sur le projet d'établissement et les stratégies d'apprentissage, comment croire à ce déballage indécent? »* Et pourtant, face à un jeune professeur, je persiste et je signe : on ne construira pas une « école de la réussite de tous », comme nous y invitent les politiques, contre ce qui meut chaque professeur en son projet le plus intime. On ne la construira pas, non plus, sans eux. En leur imposant de l'extérieur une série d'obligations déconnectées de leurs préoccupations premières et qu'ils vivent souvent comme des entraves à leur mission. On ne la construira pas, enfin, avec l'illusion scientiste mortifère qui confond la formation de la personne et la fabrication d'un objet, promeut l'application systématique des méthodes qui ont « fait leurs preuves » ici ou là, croit pouvoir trouver dans les neurosciences les recettes universelles de l'apprentissage... et tout cela sans se soucier de la manière dont les acteurs investissent leur mission et se mobilisent personnellement et collectivement pour la remplir.

Rester professeur d'abord... jusqu'au plus haut de la hiérarchie.

Bref, on ne réussira pas une école démocratique en prolétarisant les professeurs. Car, souvenez-vous : Marx n'a pas dit que les ouvriers étaient des « prolétaires », il a expliqué que les ouvriers avaient été « prolétarisés » quand, au lieu de se servir des machines, ils ont été mis au service des machines. Le même risque nous menace : que nous devenions simplement les serviteurs dociles des mécaniques programmatiques et des systèmes de sélection, que toute notre énergie soit siphonnée par une multitude d'évaluations et de tableaux Excel, que nous abdiquions devant les injonctions technocratiques qui totémisent les outils sans s'interroger sur leur usage, que nous nous vivions comme de simples exécutants dans une Éducation nationale phagocytée par le « management » et dont la hiérarchie aurait fini par oublier ce qu'enseigner veut dire.

C'est pourquoi je défends l'idée iconoclaste selon laquelle il conviendrait que toute personne qui prend des responsabilités administratives ou pédagogiques garde un contact régulier avec des élèves : que le chef d'établissement continue à enseigner quelques heures par semaine dans sa discipline d'origine comme l'inspecteur et, même, l'inspecteur général. Que les fonctionnaires de l'administration centrale du ministère comme les recteurs et leurs collaborateurs continuent d'assurer des charges d'enseignement scolaire ou universitaire.

Afin que personne n'oublie jamais d'où émane et où peut se régénérer sans cesse le projet d'enseigner.

3
Notre projet de transmettre ne fait pas toujours bon ménage avec les exigences de notre institution

Voilà déjà quelques années qu'on évoque « la nécessaire professionnalisation du corps enseignant ». Je comprends bien que certains – très largement relayés par toute une série d'intellectuels anti-pédagogues – aient été irrités par la formule : comme si les enseignants du siècle dernier ou des années 1950 n'étaient pas des professionnels !

Et, pourtant, j'ai moi-même employé ce terme et participé à ce mouvement. Délibérément et sans réserves. Non point parce que je cherchais à abolir le tressaillement constitutif de l'événement pédagogique, mais, précisément, parce que je ne me résignais pas à ce qu'il ne concerne que quelques élus. J'étais, alors, un jeune professeur passionné par mon métier et qui refusait d'en circonscrire la portée à la cooptation de ceux et celles avec qui je me retrouvais spontanément en affinité. Je me méfiais du caractère sélectif de mes inclinations et, si je caressais secrètement – comme tout le monde – le rêve d'avoir quelques disciples autour de moi, je me faisais un devoir de ne laisser personne au bord du chemin. Il fallait donc institutionnaliser l'événement pédagogique sans, pour autant, en perdre le caractère extraordinaire, le rendre accessible à tous sans le banaliser.

Quand l'institution veut démocratiser l'événement pédagogique…

Pari extravagant au plan théorique, mais qui fut – je continue à le croire – d'une grande fécondité : c'est grâce à lui que nous avons inventé – ou plutôt réinventé ! – les grandes « nouveautés pédagogiques » des années 1980 : le « travail autonome » en petits groupes, la « pédagogie différenciée », la « pédagogie de projet » et bien d'autres choses, encore.

J'étais, alors, un militant pédagogique et politique nourri de christianisme social et de socialisme libertaire. J'avais un peu étudié l'histoire de la pédagogie et observé que, de Pestalozzi à Makarenko, de Maria Montessori à Fernand Oury, ce sont toujours ceux qui se coltinent les inéducables qui inventent les dispositifs pédagogiques les plus originaux et les plus prometteurs, au service de cette transmission des savoirs que nous cherchions à « démocratiser »[1]. J'avais lu la *Lettre à une maîtresse d'école* où les enfants de Barbiana disaient leur colère d'avoir été mis à l'écart au prétexte qu'ils n'étaient pas suffisamment doués ou motivés : *« On ne permet pas au tourneur de bâcler son travail et de ne remettre que les pièces réussies. Autrement, il ne ferait plus rien pour qu'elles le soient toutes. Vous par contre, vous savez que vous pouvez écarter les pièces quand ça vous chante. C'est pour cela que vous vous contentez de regarder faire ceux qui réussissent pour des raisons qui n'ont rien à voir avec votre enseignement. [...] Si vous deviez faire réussir tous les élèves dans toutes les matières, il faudrait voir comment vous vous lèveriez la nuit pour imaginer de nouvelles méthodes*[2]. »

---

1. Rien n'est plus actuel que l'expérience de Pestalozzi confronté, en 1799, aux orphelins de Stans (la première ZEP !) ou les interrogations de Makarenko, en 1918, sur la manière de punir sans exclure. Rien n'est plus important que de saisir, avec Maria Montessori, ce qu'est « l'esprit absorbant » de l'enfant ou de comprendre, avec Fernand Oury le caractère structurant de la loi dans la classe. Au risque de paraître prêcher pour ma paroisse, je ne peux que vous inciter à lire les pédagogues ! Vous trouverez une première présentation du travail de quelques-uns d'entre eux dans l'ouvrage coordonné par Jean Houssaye, *Quinze Pédagogues : leur influence aujourd'hui* (Paris, Armand Colin, 1994) et dans les fascicules qui accompagnent les émissions que j'ai réalisées pour France 5 éditées par PEMF (Mouans-Sartoux, 2001).

2. Les enfants de Barbiana, *Lettre à une maîtresse d'école*, Paris, Mercure de France, 1968, page 167. Ce livre est, malheureusement, épuisé. Si vous en trouvez un exemplaire chez un bouquiniste, précipitez-vous ! C'est un petit bijou, avec ses excès et ses rapidités, très marqué par son époque... Mais on n'en sort pas indemne !

Les soirs de conseils de classe, je rentrais découragé et meurtri de voir les efforts de toute une année anéantis par les décisions d'une mécanique institutionnelle implacable. Je me replongeais alors dans les classiques de la pédagogie genevoise et rêvais à cette « école sur mesure » que prônait Claparède[3] et qui permettrait, enfin, à chaque enfant, selon le principe de Piaget, de « construire son propre savoir ».

J'ai eu la chance, à l'époque, de fréquenter de nombreuses formations où j'ai rencontré des militants pédagogiques aguerris et des universitaires attentifs à l'actualité éducative. Ils m'apprirent à débusquer les ambiguïtés dont je pouvais être victime et à y voir plus clair dans les lieux communs qui circulaient. Je compris ainsi que le slogan de « l'école sur mesure » ne devait pas nous inciter à en rabattre sur nos ambitions, sous prétexte, par exemple, de nous « adapter » aux difficultés des élèves : « *Il faut toujours se mettre à la portée des élèves, disait Maria Montessori. Jamais à leur niveau.* » La différence est essentielle, constitutive de notre métier : nous devons être, tout à la fois, accessibles et exigeants, réalistes en prenant les élèves là où ils sont, et volontaristes en ne les laissant surtout pas là où ils sont...

Je compris aussi très vite que vouloir mettre l'élève en position de construire lui-même son propre savoir ne signifiait, en aucun cas, l'abandonner seul face aux connaissances, en misant sur sa « curiosité naturelle » et sa « spontanéité créative » : l'élève ne peut construire des savoirs que dans des situations d'apprentissage contraintes, quand on lui fournit des consignes précises et des matériaux préparés, quand on l'accompagne dans sa démarche pour lui apporter l'aide nécessaire et exiger de lui la précision et la rigueur sans lesquels on le laisserait patauger dans l'approximation. Je mesurai alors rapidement à quel point la « pédagogie nouvelle »

3. Édouard Claparède, *L'École sur mesure*, Lausanne-Genève, Payot, 1920. On ne lit plus guère aujourd'hui les auteurs de cette « école genevoise », comme Claparède, Ferrière, Bovet, Dottrens. On a tort. D'abord parce qu'on s'interdit ainsi de comprendre comment est née l'« Éducation nouvelle » (qui a maintenant plus d'un siècle !). Et, ensuite, parce que cette lecture permet de débusquer bien des enjeux de nos débats éducatifs actuels.

à laquelle j'adhérais était le contraire du fatalisme et de la facilité. Pas question de se résigner. Impossible de ne jamais considérer sa tâche comme achevée, de mettre la clé sous la porte en disant : « C'est fini, j'ai tout essayé, il n'y a plus rien à faire ! Décidément, les savoirs ne sont pas faits pour lui ! »

Il y avait alors une vraie générosité dans notre dessein : la volonté de ne pas confiner la rencontre avec les savoirs dans des caissons étanches réservés aux élites. L'espoir de favoriser une contagion de l'événement pédagogique et de subvertir toutes les fatalités psychologiques et sociales, familiales et économiques. Le désir d'échapper à ces complicités culturelles que les sociologues comme Bourdieu nous décrivaient comme des « violences symboliques » génératrices d'exclusion. Le projet de rendre possible l'émergence d'une véritable démocratie « en donnant à tous les élèves les moyens de comprendre le monde et d'y occuper une place »... Je sais bien que ces termes vous paraissent aujourd'hui terriblement usés. Ils ont perdu le côté subversif qu'ils avaient alors et sont devenus, pour vous, une nouvelle langue de bois institutionnelle. Peut-être même y voyez-vous simplement l'habillage d'une politique scolaire dont vous ne percevez pas vraiment le sens, à mille lieues de ce à quoi vous aspirez vraiment?

Car c'est bien là le problème... quand un projet éducatif s'engrène à la demande sociale et que les réformes s'emballent sans horizon politique précis. Et c'est ce qui est arrivé en effet. La scolarité obligatoire est portée à seize ans en 1959 : un véritable raz-de-marée déferle dans l'enseignement secondaire au début des années 1960. Il faut organiser tout cela, construire des établissements, mettre en place des secteurs scolaires, élaborer des dispositifs d'orientation, recruter des enseignants, rénover les programmes, donner à chacun une place et l'espérance de la réussite. C'est « l'explosion scolaire », comme l'écrira Louis Cros[4] : le budget de l'Éducation nationale croît

4. *L'Explosion scolaire*, Paris, publication du Comité universitaire d'information pédagogique, 1961. Louis Cros fait partie d'une espèce aujourd'hui presque disparue : inspecteur général et « grand commis de l'État », il fut aussi un ardent militant de l'Éducation nouvelle et un militant pédagogique très actif. Au plus haut niveau de responsabilité institution-nelle, il restera près des hommes et des femmes de terrain, ne reniant jamais ses principes et refusant tout opportunisme.

Une frénésie de réformes institutionnelles pour accompagner l'accès et la réussite de tous.

dans des proportions vertigineuses et ce qui relevait jusque-là d'une « gestion de bon père de famille » devient une immense « usine à gaz » au pilotage problématique. Le cœur de l'activité scolaire s'est déplacé : de l'alchimie mystérieuse du face-à-face pédagogique, il est passé dans les manettes de contrôleurs techniques qui traitent surtout – et presque exclusivement – de questions de logistique.

Personne n'a sans doute vraiment mesuré ce qui arrivait alors. Et nous avons accompagné le mouvement par notre frénésie réformatrice : mise en place du collège unique en 1975, rénovation des collèges et des lycées en 1981, création des baccalauréats professionnels en 1985, loi d'orientation instaurant les cycles à l'école primaire en 1989 et, au passage, création d'une multitude de filières et classes spécialisées, introduction des délégués des parents et des élèves dans les conseils de classes, mise en place des projets d'écoles et d'établissements... sans compter la multitude de modifications de toutes sortes qui se superposent en permanence, se télescopent les unes les autres et font perdre peu à peu toute lisibilité à l'institution scolaire. Depuis cinquante ans, en véritable édifice baroque, notre École n'en finit pas, à l'initiative des ministres successifs, de rajouter de nouvelles dispositions, de modifier et de rebaptiser sans cesse de nouveaux dispositifs, de couvrir l'architecture initiale de règlements et d'instructions de toutes sortes. Entre l'acte pédagogique dans la classe, à la base, et le ministre, au sommet de la pyramide, il y a tellement de conseils et de commissions que je mets quiconque au défi d'être capable de les compter ! Et rien ne permet d'espérer que le mouvement s'arrête ou même seulement ralentisse bientôt...

Une École qui invente une multitude de dispositifs et finit par perdre de vue le face-à-face pédagogique.

En effet, dès lors que la démocratisation de l'accès aux savoirs devient une affaire d'État, dès lors qu'elle est portée, tout à la fois, collectivement par la Nation et individuellement par chaque Français pour ses propres enfants, l'École passe inévitablement aux mains des gestionnaires. *Et les gestionnaires gouvernent comme s'ils pou-*

vaient, en toute légitimité, décider où, quand, comment et pour qui adviendra l'événement pédagogique.

Je comprends donc parfaitement que les gestionnaires vous agacent. Mais il faut beaucoup leur pardonner : d'une part, parce qu'ils n'ont pas vraiment connu, depuis longtemps, d'homme politique capable de leur fixer un cap clair, qui prenne acte de la demande sociale, mais soit aussi capable d'incarner des principes forts et de convaincre la Nation de leur importance. D'autre part, parce que l'affaire est terriblement compliquée et, qu'en la circonstance, les solutions ne préexistent pas aux problèmes. Il n'y a guère que dans les exercices de mathématiques de l'école primaire et les jeux télévisés que ceux qui posent les questions connaissent déjà les réponses ! Dans la réalité et, en particulier, quand il faut organiser la scolarisation des petits Français pour répondre aux idéaux de la République et satisfaire les desiderata de tout un chacun, il en va tout autrement...

Tenez, prenons, par exemple, quelque chose qui vous indispose parfois : *le projet d'école ou d'établissement*. Sur la forme, je partage vos réticences : ces textes constituent une littérature bien convenue qui compile souvent constats sans intérêt et injonctions générales et généreuses, extraits de textes officiels et lieux communs éducatifs. On y déclare prendre en compte « la spécificité des publics » et « viser le développement optimal des aptitudes de chacun » par « une pédagogie plus adaptée ». Parfois, on s'aventure dans des registres plus précis en se fixant comme objectifs l'amélioration des performances en lecture, un meilleur accueil des familles, le développement de la culture scientifique et technique ou la mise en place d'études dirigées... Tout cela est rarement débattu sur le fond et, finalement, voté dans les instances statutaires, avec les habituelles réserves syndicales sur le manque de moyens et « l'habillage pédagogique de la pénurie ». Dès lors, ce texte devient « les tables de la loi » et vous craignez qu'il ne soit utilisé par l'administration pour vous contraindre à faire mille choses sans rapport avec votre

> Le projet d'école ou d'établissement : machinerie administrative ou dynamique au service des apprentissages.

véritable métier... Vous avez raison. Si le projet d'école ou d'établissement est un simple « machin organisationnel » qui vient s'ajouter à votre travail quotidien, il n'a aucun intérêt. Pire encore : s'il régente votre enseignement dans les moindres détails, il vous dépossède de vos légitimes prérogatives et vous coupe de la source même de votre activité.

Mais il n'y a rien de fatal à cela. Le projet peut constituer aussi un cadre au sein duquel exprimer sa liberté et son inventivité. À condition de le comprendre comme une occasion de réflexion et de confrontation sur le cœur même du métier. À condition d'accepter que ni les principes nationaux imposés légitimement par l'institution, ni le diagnostic sur les besoins spécifiques et les ressources locales ne permettent de déduire mécaniquement ce qu'il faut mettre en œuvre pour transmettre les savoirs et accompagner les élèves dans leurs apprentissages. Car c'est toujours là que la bureaucratie nous guette : dans l'illusion que les solutions sont contenues dans l'analyse des problèmes et des contraintes comme les noix dans leurs coquilles. Rien de pire pour nous démobiliser. Rien de plus radical pour nous faire perdre goût au métier... ou nous donner le sentiment que nous faisons, en réalité, deux métiers : celui de professeur, face à nos élèves, et celui, à côté, d'organisateur d'activités diverses, pour répondre aux injonctions d'un projet institutionnel dont on se passerait bien !

C'est pourquoi il faut vous emparer du projet d'école ou d'établissement afin d'y mettre au centre l'événement pédagogique. Ne jamais oublier que c'est de la transmission qu'il s'agit, donc de rencontre avec la culture des hommes. Ne pas se perdre dans les délires organisationnels, mais se donner des projets qui supportent notre désir d'enseigner et donnent prise à la volonté d'apprendre des élèves... Comme cette école primaire qui décide de faire de *L'Iliade* et *L'Odyssée* d'Homère les textes de référence sur lesquels greffer tous les apprentissages, de la lecture au dessin, de la géographie à la géométrie. Comme ce collège qui fait de l'éducation à l'environnement et au développement durable un vecteur pour engager tous les élèves dans des apprentissages exigeants, relier entre elles les connaissances des différentes disciplines, développer la recherche documentaire, dialoguer avec les élus municipaux, organiser des échanges avec les pays du Sud. Comme ce lycée qui décide de remettre à jour la culture ouvrière d'un bassin minier aujourd'hui disparu, dont les élèves recueillent et transcrivent les témoignages des anciens, se livrent à un véritable travail d'archéologie industrielle, font des comparaisons internationales, préparent une exposition, etc. Certes, il serait naïf de penser que tous les apprentissages prévus par les programmes pourront, chaque fois, entrer dans un projet et que celui-ci totalisera l'ensemble de nos activités d'enseignement. Mais ce n'est pas grave. Dès lors que le projet n'est pas un « bidule administratif », mais un investissement commun dans un objet culturel, il permet d'engrener volonté de transmettre et désir d'apprendre...

Reste que les plus beaux projets du monde ne garantissent jamais la *progression de chaque élève* et que c'est quand même sur cette question que l'administration scolaire et les parents d'élèves réunis restent les plus exigeants. Voilà des années qu'on expérimente, d'ailleurs, avec plus ou moins de succès, une multitude de dispositifs dans ce domaine : pédagogie de soutien et de contrat, aide individualisée et programmes personnalisés, groupes de niveau ou groupes de besoins... Tout a été essayé – ou le sera bientôt – pour répondre à l'angoisse des familles et à la demande sociale d'éducation.

Et, là-dessus aussi, je vous sens un peu... crispé : inquiet de devenir un répétiteur taillable et corvéable à merci, d'être embarqué dans des systèmes compliqués d'évaluation et de remédiations, de passer votre temps à rattraper untel et à combler les lacunes de tel autre... au point de ne plus pouvoir enseigner vraiment l'essentiel à personne ! Je vois bien votre déception : alors que vous aimeriez entraîner toute une classe derrière vous dans l'aventure de la connaissance, on vous demande de vous disperser en une multitude de tâches d'accompagnement individuel. De remplacer la grande scène du savoir, dont vous aviez toujours rêvé, par un bricolage dérisoire, dont vous avez un peu honte... Et je sais tout ce qui sépare l'enthousiasme qu'on peut ressentir à subjuguer un auditoire, des satisfactions médiocres qu'on peut trouver à distribuer un exercice ici, un conseil

L'aide aux élèves : une manière d'esquiver la transmission ou de la concrétiser au quotidien ?

là et un document ailleurs. J'ai vécu mille fois le sentiment de sortir d'une classe sans avoir vraiment rempli mon contrat : sans avoir vu les élèves pendus à mes lèvres pendant une heure ou emportés par une tâche collective à laquelle j'aurais pu les faire adhérer. J'ai eu peur, aussi, quand un collègue passait dans le couloir et qu'au lieu d'un bel ensemble de sujets dociles alignés à leur place en train de m'écouter, il pouvait voir, par la fenêtre, des élèves assis et d'autres debout, travaillant en petits groupes, pendant que je m'occupais de quelques retardataires : était-ce bien pour cela que j'étais payé ?

C'est que nous avons fini par confondre l'événement pédagogique avec ses représentations institutionnelles les plus prestigieuses à nos yeux : celle du professeur d'université qui prêche du haut de son estrade, de l'avocat qui plaide à la barre ou du député qui harangue ses collègues à la tribune de l'assemblée. Si nous ne nous rapprochons pas, plus ou moins, de ces modèles, nous sommes culpabilisés. On nous a convaincu que la transmission était d'abord affaire de mise en scène. Que le savoir était spectaculaire ou qu'il n'était pas. Au point que nous en avons fini par oublier que le rituel, à l'École comme au théâtre, était au service du colloque intérieur de chacun. Que ce qui opérait, dans la parole, n'était pas d'être grandiloquente mais ajustée. De correspondre, à un moment donné, à une question ou à une attente, à un problème ou à une inquiétude, et de venir se lover à l'intérieur de l'esprit pour le faire progresser.

Cela ne veut pas dire, évidemment, que nous devons renoncer à la magistralité : lire un conte ou raconter une histoire, décrire une expérience scientifique, commenter un texte littéraire, exposer rationnellement les données d'un problème, tout cela reste des composantes fondamentales du métier de professeur. Pour autant qu'on permette ainsi à tous les élèves de progresser... Mais le suivi de l'élève, le travail individualisé, au coude à coude avec lui, sont aussi absolument nécessaires. Car nous faisons là, plus que partout ailleurs peut-être, l'expérience de ce corps à corps avec les savoirs qui nous met au plus près de l'événement

> Abandonner notre fascination pour le spectaculaire et travailler au plus près de l'élève et des savoirs.

pédagogique. Dans ses tâtonnements et ses blocages, dans ses hésitations et ses erreurs, l'élève, en effet, nous replace au cœur des connaissances. Il met à l'épreuve leur cohérence par les questions qu'il nous pose. Il interroge notre discours en plaçant la barre au plus haut niveau d'exigence professionnelle : celui de l'échange entre deux intelligences.

Quiconque, en effet, réussit à se coltiner la bourde d'un gosse en lecture ou en mathématiques et à l'interroger du point de vue de l'intelligence dont elle témoigne, accède à la compréhension de ses propres savoirs mieux qu'il n'y serait jamais parvenu dans le secret de son bureau ou l'exhibition d'un amphithéâtre. Et il nous faut apprendre à goûter cette satisfaction-là. Y voir une manière de réaliser pleinement notre projet professionnel. La considérer comme une véritable réussite, très proche, au demeurant, de celle du chirurgien qui parvient à faire fonctionner un corps accidenté, du chercheur qui intègre, à force de patience, des données apparemment incohérentes ou du sculpteur qui touche à la vérité de la pierre en même temps qu'il éprouve celle du geste.

Vers une organisation scolaire recentrée sur le projet d'enseigner et l'acte d'apprendre…

Évidemment, tout n'a pas été complètement réussi dans la succession de réformes qu'a vu passer le système scolaire depuis un demi-siècle et je comprends votre scepticisme, voire votre résistance, à toutes ces innovations... Mais nous avons quand même massifié l'enseignement secondaire en y faisant entrer en même temps, comme les familles le souhaitaient, tous les jeunes, ou presque. C'est déjà beaucoup... Nous avons augmenté le niveau global d'instruction des Français de manière significative. Et, même si, naturellement, la maîtrise des outils de distinction sociale n'est pas identique aujourd'hui, dans des lycées qui scolarisent 70 % d'une classe d'âge, à ce qu'elle était à l'époque où les lycées n'en accueillaient que 10 %, ce n'est pas rien[5]... Nous avons appris à travailler en équipe, à monter des projets, à collaborer avec des partenaires du monde de l'art ou de l'entreprise. C'est un sacré progrès pour une institution qui se replie volontiers dans l'autarcie et la suffisance...

Mais je reconnais volontiers que tout cela n'a pas toujours été fait en reconnaissant aux professeurs la place centrale que vous revendiquez légitimement. Ainsi avez-vous pu avoir l'impression que ce qui vous animait – votre passion de transmettre – était oublié, au profit d'un « management » organisationnel envahissant. Et vous vous dites que je vous demande un effort de compréhension pour nos gestionnaires alors que, vous-même, vous ne ressentez guère d'empathie de leur part ! Plus encore : vous trouvez qu'il est un peu injuste de vous solliciter pour que vous investissiez leurs dispositifs alors que, bien souvent, eux-mêmes les vident de tout véritable contenu pédagogique.

La « refondation » de l'École empêtrée dans les rythmes scolaires

5. Paradoxe apparent : le niveau général ne cesse de monter et, en même temps, le niveau que les professeurs constatent dans leurs classes ne cesse de baisser ! C'est, pourtant, une évidence arithmétique indiscutable ! Prenons, pour nous en convaincre, un exemple arbitraire parmi d'autres. En 1960, moins de 10 % de la tranche d'âge des jeunes de 15-16 ans est en classe de seconde de lycée. Ce sont, pour la plupart, des jeunes issus des classes moyennes et supérieures. Bien entourés, bien dirigés, ces élèves ont un bon niveau en orthographe, savent rédiger un texte correctement et obtiennent une moyenne de 12/20 en dissertation de français... Quarante-cinq ans plus tard, plus de 70 % de la même tranche d'âge est en seconde : issus de milieux sociaux et culturels bien plus diversifiés, sans doute plus inégalement suivis par leurs familles et moins systématiquement stimulés par leur environnement, ils n'obtiennent, sur la même dissertation, qu'une moyenne de 8/20... Le niveau des jeunes Français a-t-il vraiment baissé ? Petit calcul. En 1960, un élève de seconde a, en moyenne, 12/20 à sa dissertation ; donnons aux autres une note forfaitaire, pour le papier et le temps passé, de 2/20 : la moyenne de la tranche d'âge est de 3/20. Aujourd'hui, avec les mêmes modes de calcul, la moyenne de la même tranche d'âge sur le même exercice est de 6,2/20 : elle a plus que doublé ! Hausse spectaculaire du niveau général, tandis que le professeur de Seconde voit, lui, les résultats de sa classe baisser de 4 points ! Dans le même temps, le nombre d'élèves ayant 12 et plus a augmenté, mais ces élèves sont proportionnellement moins nombreux que jadis ! Reste évidemment la seule vraie question : comment faire pour que l'accès aux études s'accompagne d'une hausse correspondante du niveau des élèves qui y accèdent ? Comment transformer « la démocratisation de l'accès » en « démocratisation de la réussite » ? C'est, évidemment, affaire de pédagogie. Et c'est ce dont nous parlons.

Je vous vois venir : vous allez me donner l'exemple de la « refondation de l'École » engagée en 2012-2013 par le ministre Vincent Peillon. L'expression, en effet, était particulièrement ambitieuse et le projet considérable. Il ne s'agissait, rien de moins, que de redonner un cap à notre institution scolaire afin de lui permettre de redevenir le pivot de notre République : en garantissant le droit à l'éducation pour toutes et tous, en ressaisissant toute la scolarité obligatoire dans la même dynamique d'acquisition des fondamentaux de la citoyenneté, en instituant une véritable formation professionnelle des enseignants... De beaux chantiers ont été ainsi ouverts : sur les programmes et l'évaluation, sur l'éducation prioritaire et les usages du numérique. Il est trop tôt pour dire si la « refondation » annoncée sera au rendez-vous. Mais force est de constater que le pouvoir politique, à qui il revient de définir les finalités de l'École et de préciser les exigences et les devoirs de la Nation envers ses professeurs, s'est, une fois de plus, empêtré dans une question technique, certes importante mais abordée par le petit bout de la lorgnette : les rythmes scolaires à l'école primaire.

À l'origine, des constats sur lequel tous les experts sont d'accord : la France souffre d'une mauvaise organisation du temps scolaire, les journées de classe sont trop longues et pas assez nombreuses ; il faut donc augmenter leur nombre et les raccourcir sensiblement. De plus, les enfants français pâtissent du rythme de vie qui leur est imposé par les adultes : ils manquent de sommeil, alternent, dans la journée, des phases d'apathie et des moments de surexcitation, peinent à se concentrer. Enfin, il existe une véritable injustice dans l'accès des enfants aux activités sportives, artistiques et culturelles : alors que les privilégiés multiplient les engagements dans ce domaine, les autres, bien souvent, s'accrochent désespérément à leur joystick ou s'abrutissent devant la télévision...

Fort de tous ces éléments, on aurait pu attendre du pouvoir politique qu'il fixe des objectifs et définisse une méthode pour permettre à toutes et tous d'avoir une enfance équilibrée et riche à la fois, articulant, en fonction des situations locales et des propositions de tous les acteurs – enseignants, parents, tissu associatif, élus et même élèves – des séquences d'enseignement, des activités périscolaires et des aides spécifiques pour ceux et celles qui en ont besoin. On aurait pu s'attendre à ce que des principes structurants soient fixés sur les missions des professeurs et celles des intervenants, sur les équilibres pédagogiques à construire dans chaque territoire... et qu'on invite, dans la foulée, tous les partenaires à élaborer un vrai projet commun avec un contenu pédagogique précis. Au lieu de cela, nous eûmes un décret très technique, engageant les municipalités dans un jeu de pousse-pousse dérisoire, déplaçant quarante-cinq minutes ici ou là, indépendamment de toute réflexion sur la nature des activités pédagogiques à proposer pour faciliter les apprentissages et permettre le meilleur développement possible de l'enfant.

Résultat des courses : des échanges fructueux, ici ou là, au gré du volontarisme des acteurs, peu de véritables « projets éducatifs de territoire » élaborés conjointement par les différents partenaires, une grande pagaille et beaucoup de récupération politicienne, un rétropédalage à l'occasion d'un changement de ministre, des insatisfactions de tous les côtés, chacun ayant le sentiment de n'avoir été ni écouté ni respecté. Une fois de plus, la pédagogie est passée à la trappe ou, plus exactement, à la moulinette des techniciens et des gestionnaires. Occasion ratée – ou, peut-être, remise à demain ? – de s'interroger collectivement sur nos priorités et de mettre ensemble nos actes en accord avec nos intentions.

Réconcilier vocation et institution…

Mais – avouons-le ! – si le politique nous impose bien souvent de rabattre les questions éducatives sur une approche technique et gestionnaire, nous ne sommes pas exempts, nous-mêmes, de cette tentation. Par pudeur sans doute, nous n'évoquons guère, avec nos partenaires, les questions de fond, celles qui touchent à l'acte de transmission et à ses enjeux, au sens de l'éducation scolaire dans une société démocratique, au projet même de notre École républicaine. Nous parlons – légitimement, bien sûr ! – des questions de moyens et des problèmes d'organisation. Mais nous esquivons trop systématiquement l'essentiel, tant avec notre hiérarchie qu'avec les parents de nos élèves, tant dans les relations avec nos interlocuteurs institutionnels que dans nos prises de parole publiques...

Ainsi, entre nous, dans nos réunions et concertations professionnelles, nous nous perdons trop souvent dans des questions qui, certes, ne sont pas secondaires, mais devraient, pour le moins, être secondes : nous parlons « vie scolaire », discutons orientation et sanctions, gérons nos agendas et travaillons sur des plannings, commentons les dernières directives, préparons la fête de l'école ou le forum des métiers... mais nous n'abordons que rarement les questions qui relèvent des finalités et des contenus mêmes de nos enseignements : quelles approches et quelles œuvres sont susceptibles de mobiliser nos élèves ? Quelles méthodes peuvent les aider à s'approprier les savoirs que nous voulons leur transmettre ? Quelles sont nos dernières lectures pédagogiques et qu'y avons-nous découvert ? Quelles formations avons-nous suivies, à quelles conférences avons-nous assisté et qu'en avons-nous retenu ? Ou même : que dire de ce roman ou de ce film sur l'école ? Nous y reconnaissons-nous ? Nous aide-t-il à y voir plus clair sur ce que nous vivons ? Quelles leçons en tirer ? Reconnaissez que ce sont là des questions passionnantes et qui devraient se trouver au cœur d'une culture professionnelle partagée !

Bref, si les politiques et les gestionnaires oublient parfois aujourd'hui ce qui fait notre véritable identité, nous y mettons aussi un peu du nôtre ! Il est temps que, de chaque côté, on s'engage à faire à nouveau converger – comme ce fut le cas au temps des Hussards noirs de la République – l'engagement personnel et professionnel des professeurs avec le projet de l'institution scolaire. Il est temps que la hiérarchie de l'Éducation nationale cesse de nous imposer des « réformes » de « tuyauterie » qui nous déstabilisent sans cesse et nous contraignent à une gymnastique invraisemblable pour pouvoir, tout simplement, continuer à faire notre métier. Mais il est temps aussi que nous assumions ce qui fait ce métier et ne le cachions pas, comme si nous en étions coupables ou honteux. La transmission du plaisir d'apprendre et de la joie de comprendre ne doit pas être un acte clandestin de l'institution scolaire, mais bien le cœur assumé de la vie professionnelle de tous ceux qui y travaillent. C'est pourquoi il faut que nos écoles et nos établissements deviennent de véritables « maisons de la transmission » et que nous les investissions comme telles, avec notre hiérarchie. Ni contre elle, ni à côté d'elle : avec elle. Parce que c'est sa responsabilité fondatrice.

C'est ainsi que l'École française progressera : parce que son organisation sera au service des missions de ses professeurs... et que ses professeurs trouveront dans son organisation un soutien pour l'exercice de leur mission. C'est ainsi que la volonté légitime de notre pays d'une véritable démocratisation des savoirs s'engrènera naturellement sur l'engagement pédagogique de ses enseignants. C'est ainsi que la demande des familles d'une meilleure réussite de chaque enfant rencontrera et renforcera la détermination contagieuse de chaque professeur à transmettre le bonheur de découvrir le monde. C'est ainsi que nous ne vivrons plus déchirés entre notre vocation et notre institution.

4
Nous voulons bien être efficaces, mais pas à n'importe quelles conditions

Nul ne saurait décemment prétendre que l'institution scolaire doit renoncer à toute efficacité. Ni l'État et l'ensemble de la société civile, ni les contribuables et, *a fortiori*, les parents d'élèves, ni les directeurs écoles et les chefs d'établissement. Ni même les professeurs que nous sommes.

Au quotidien, d'ailleurs, nous sommes tous en quête d'efficacité. Et ce que nous nommons « didactique » n'est rien d'autre que la recherche par laquelle nous tentons de comprendre « comment ça marche » dans la tête d'un élève afin qu'il s'approprie au mieux les connaissances du programme[1]. J'ai moi-même beaucoup travaillé

---

1. Je sais bien que le mot de « didactique » provoque, chez certains de mes jeunes collègues, une allergie particulièrement tenace. Ils y voient une théorisation excessive, technocratique et jargonneuse de l'acte d'enseigner. Une manière d'obscurcir, voire d'escamoter, les contenus de connaissance que les professeurs ont à cœur de transmettre. Je voudrais vous convaincre qu'il existe une didactique qui, tout au contraire, permet de rendre accessibles et limpides les contenus de savoir à enseigner, sans leur faire, pour autant, perdre leur saveur… C'est Comenius qui, au XVIIe siècle, a utilisé, pour la première fois, ce terme dans l'acception que nous lui donnons aujourd'hui. Protestant convaincu, il milite pour que la Bible soit directement accessible à tous les hommes et à toutes les femmes, dans leur propre langue. C'est une véritable révolution pour l'époque où, dans l'Église catholique, les clercs étaient les seuls à avoir accès directement au texte sacré ! Ainsi, en 1650, confectionne-t-il un ouvrage extraordinaire, *Orbis pictus*, dans lequel il présente, de manière synthétique et illustrée, l'essentiel des connaissances disponibles : une véritable encyclopédie à la portée de tous avant l'heure ! Il continuera son œuvre en explorant et présentant ainsi tous les champs de savoir – y compris les langues – dans une « grande didactique ». Rendre accessibles les connaissances humaines pour réunir les hommes sera son obsession permanente… à l'opposé de toute complexification inutile !

dans cette perspective : j'avais été frappé, dès mes débuts, par le caractère stérile de nos injonctions habituelles – « Mais faites donc un effort pour comprendre ! » – et la vanité du seul renvoi à une activité censée résoudre tous les problèmes : « Faites votre exercice et vous comprendrez ! ». C'est ainsi qu'en me penchant sur les travaux des pédagogues et des psychologues, j'en suis venu progressivement à me demander : « Qu'est-ce que je dois précisément faire réaliser à mes élèves aujourd'hui ? Sur quels matériaux travailler et avec quelles consignes, pour que chacun d'entre eux accède aux connaissances que je veux lui transmettre ? » Un renversement apparemment anodin et, pourtant, essentiel. Ne plus se poser la question : « Qu'est-ce que je vais leur dire ? », mais : « Qu'est-ce que je vais leur demander de faire ? ». Et sans, bien sûr, renoncer au cours magistral quand c'est nécessaire, mais en s'interrogeant, là encore : « Comment mes élèves peuvent-ils en profiter au mieux ? Quels conseils pour soutenir leur écoute ? Quels exercices pour vérifier leur appropriation en continu ? »

> Enseigner, c'est organiser des situations d'apprentissage stimulantes.

Et, effectivement, cette méthode m'est apparue, chaque fois que je réussissais à la mettre en œuvre, extrêmement féconde... Je me souviens encore, par exemple, de ce cours de Seconde où j'avais le projet d'enseigner à mes élèves ce qu'était le romantisme : j'ai distribué à chacun d'entre eux un « objet » romantique ; un poème de Lamartine, un texte en prose de Chateaubriand, un extrait de *Ruy Blas* ou de *Lorenzaccio*, mais aussi un tableau de Delacroix et une symphonie de Malher. Mon objectif : leur faire découvrir, en confrontant ces matériaux, ce qu'ils avaient en commun. Avant, bien sûr, une remise en perspective historique et un travail précis et rigoureux sur la préface d'*Hernani* de Victor Hugo. Derrière ce dispositif, un principe simple : pour faire construire un concept à des élèves, autant les mettre en situation d'en retrouver eux-mêmes les caractéristiques à partir de la comparaison de plusieurs exemples... Et il est possible de travailler ainsi dans toutes les disciplines. Qu'on commence toujours par se poser la question :

> Faire agir pour faire apprendre.

« Quelle action l'élève doit-il faire sur tel objet pour accéder à telle connaissance ? »... et tout s'enchaîne. Qu'il s'agisse de fabriquer un graphique, résumer un texte, résoudre un problème d'arithmétique, problématiser une question d'économie ou usiner une pièce.

Ainsi, les élèves peuvent-ils investir leur intelligence dans une activité qui a été conçue pour eux : *accessible mais difficile, difficile mais accessible*. Une activité susceptible de leur faire utiliser au mieux des savoirs qu'ils maîtrisent déjà... mais pour accéder à des connaissances nouvelles. Rien de très compliqué, d'ailleurs, dans ce processus : simplement, un effort permanent pour qu'apprendre soit une véritable « opération mentale » – et non l'acquisition d'un réflexe conditionné –, supportée – « étayée » comme nous disons – par la mise à disposition des élèves des bons matériaux et des bonnes consignes. Rien de très compliqué, mais une grande rigueur nécessaire dans le choix des matériaux (des objets à manipuler, des outils à utiliser, des ressources documentaires à consulter) et une extrême précision dans l'énoncé des consignes. Afin qu'en « faisant sur... », l'élève parvienne effectivement à « apprendre à... ».

L'« Éducation nouvelle » et « l'élève acteur de ses apprentissages » : une vieille histoire !

Malgré ce que vous pourriez croire, il n'y a rien de vraiment nouveau dans ces propositions. C'est, en effet, Jules Ferry lui-même, dans un discours prononcé le 2 avril 1880, qui affirmait : *« Les méthodes nouvelles qui ont pris tant de développement tendent à se répandre et à triompher : ces méthodes consistent, non plus à dicter comme un arrêt la règle à l'enfant, mais à la lui faire trouver. Elles se proposent avant tout d'exciter et d'éveiller la spontanéité de l'enfant, pour en surveiller et diriger le développement normal, au lieu de l'emprisonner dans des règles toutes faites auxquelles il ne comprend rien. »* Il a fait d'ailleurs des émules bien au-delà de l'enseignement primaire, puisqu'on trouve, dix ans plus tard, le 13 septembre 1890, dans le *Bulletin administratif du ministère de l'Instruction publique*, une circulaire dans laquelle l'inspection générale considère que l'objectif de l'enseignement au lycée est d'*« habituer les élèves à trouver eux-mêmes les informations dans les documents »*. Tandis qu'en octobre 1952, Charles Brunold, physicien, directeur de l'enseignement du second degré, confirme cette orientation en affirmant : *« Il ne s'agit plus d'offrir aux élèves un bilan de connaissances, mais de montrer par quelles voies l'esprit est parvenu à de telles acquisitions. »*

Mais je sais que, en réalité, vous connaissez bien cette démarche. Vous l'avez rencontrée mille fois sous des intitulés divers : séquence d'apprentissage, situation-problème, problème ouvert, auto-socio-construction des savoirs. Vous ne goûtez guère, d'ailleurs, ce jargon qui vous paraît bien éloigné de votre projet professionnel : *« Pourquoi vient-on m'ennuyer avec ces techniques sophistiquées quand je cherche simplement à faire partager ma passion pour Hugo ou mon intérêt pour la loi de Joule ? »* Et là, je crois que vous avez tort... Nul ne vous demande d'abandonner la littérature ou la physique, mais plutôt de vous tourner vers les connaissances que vous voulez transmettre en les questionnant sous l'angle de leur genèse... en vous interrogeant, concrètement, sur la manière dont vos élèves pourraient se les approprier. Curieusement, vous les verrez apparaître alors sous un jour insoupçonné, avec des dimensions nouvelles que vous n'aviez pas encore perçues.

Ne croyez donc pas ceux qui prétendent que ce travail d'élaboration didactique est toujours et systématiquement asséchant. Que c'est un bricolage dégradant qui rabat nos connaissances les plus élaborées sur une technologie passe-partout. Imaginez au contraire : vous devez enseigner un point du programme que, bien évidemment, vous maîtrisez en termes de contenus, mais que vous cherchez à transmettre de la manière la plus stimulante et efficace possible à vos élèves. Vous vous retournez alors vers les documents et les matériaux dont vous disposez. Vous fouillez votre bibliothèque, vous épluchez les manuels scolaires en circulation, vous cherchez sur Internet des pistes nouvelles, des interlocuteurs qui peuvent enrichir votre approche. Vous imaginez des expériences et des exercices possibles, vous interrogez vos collègues pour savoir comment ils s'y sont pris. Bref, vous devenez un véritable chercheur : vous vous lancez dans l'élaboration d'une séquence d'apprentissage qui va vous amener à revisiter

Construire une situation d'apprentissage, c'est réinterroger ses propres savoirs.

et, donc, à redécouvrir vos propres connaissances. À cet égard, il n'y a pas que les professeurs de l'enseignement supérieur qui soient des « enseignants-chercheurs » : tout professeur du primaire et du secondaire peut être – doit être – un chercheur sur son propre enseignement. Quelqu'un qui réinterroge en permanence les savoirs qu'il enseigne. Quelqu'un qui échappe, tout à la fois, à la paresse expositive et à l'enkystement répétitif... Se former, en formation initiale et continue, ne signifie rien d'autre : chercher, construire, analyser, avec des pairs et des experts, des situations d'apprentissage.

Mais je sens que vous continuez à résister : il n'y a pas que le jargon qui vous agace ; quelque chose de plus profond vous gêne dans cette « ardeur pédagogique [2] ». Vous soupçonnez un piège. Et vous avez raison. Car il y a bien, dans la recherche acharnée de rationalisation des apprentissages, une dangereuse songerie. Comme un désir de maîtrise absolue. Une volonté de s'emparer de l'esprit de l'autre et de le diriger en temps réel. Une forme d'emprise technocratique assez proche des terribles fantasmes du docteur Frankenstein.

Les dangers de l'efficacité didactique à tout prix.

Toute-puissante et parfaitement efficace, la didactique abolit, en effet, l'événement pédagogique au profit du conditionnement. Elle supprime toute possibilité de rencontre authentique entre des personnes vivantes et installe dans la classe une machinerie scolaire qui, à terme, pourrait même rendre le professeur inutile. Et, même si, pour ma part, je trouve le danger lointain et ces perspectives alarmistes un peu exagérées, je partage votre inquiétude : on ne peut, quand il s'agit d'éduquer nos enfants, prendre le risque de basculer dans le dressage... Pas plus que vous, je ne rêve d'une classe où je pourrais contrôler directement, sur des écrans de télévision, les

2. J'ai trouvé cette expression dans un superbe petit roman de Jeanne Bénameur, *Les Demeurées* (Paris, Denoël, 2001, page 37, rééd. Gallimard, coll. « Folio », 2002). Une institutrice, mademoiselle Solange, se heurte au refus d'apprendre d'une petite fille, Luce, murée, enfermée dans un monde où aucune connaissance ne peut pénétrer. Elle ne se décourage pas, pour autant : « *Mademoiselle Solange a décidé de ne pas céder. Elle mènera cette enfant au seuil du monde, par les mots* » (page 40). « L'ardeur pédagogique » est une belle chose ! Et pourtant...

activités mentales de mes élèves et les rappeler à l'ordre, en cas d'inattention, par une décharge électrique. Je ne veux pas de l'efficacité à tout prix. Pas si elle m'impose de renoncer aux valeurs que je place au cœur de l'acte éducatif.

Les ambiguïtés de « l'obligation de résultats ».

Voilà pourquoi, comme vous, je n'accepte pas que mon activité d'enseignant soit, au même titre que celle d'une entreprise, soumise à l'obligation de résultats... D'ailleurs, de quels résultats s'agit-il? L'efficacité ne se mesure qu'à l'aune des finalités. Et nous ne pouvons réduire notre travail éducatif à la poursuite des seuls effets que nous pouvons mesurer avec les outils traditionnels de l'évaluation scolaire chiffrée.

Je sais qu'à cet égard vous êtes agacé par l'écho médiatique et l'usage qui est fait de l'enquête PISA, réalisée par l'OCDE tous les trois ans, et qui mesure les performances des jeunes de 15 ans dans un nombre important de pays du globe[3]. Vous avez raison : les épreuves de cette enquête ne sont pas exemptes de biais méthodologiques et l'on ne sait pas vraiment ce que les résultats mesurent, des habitudes culturelles des élèves et de leurs parents, des effets du contexte social ou de l'efficience propre des systèmes scolaires. De plus, nous savons qu'un certain nombre de pays sont engagés dans une telle course à la performance internationale qu'ils n'hésitent pas à entraîner systématiquement leurs élèves aux épreuves

---

3. Les résultats de PISA 2012, publiés en 2013, sont accessibles en ligne : http://www.oecd.org/pisa/keyfindings/pisa-2012-results-overview-FR.pdf

À côté des critiques que nous faisons ici sur le « palmarès » de PISA, il ne faut pas, bien évidemment, en méconnaître les enseignements et, en particulier, en ce qui concerne l'évolution de notre propre système scolaire et de ses résultats d'une enquête à une autre : cela nous en apprend plus que la comparaison avec d'autres pays ! Nous y voyons, en effet, un accroissement significatif des inégalités, fortement corrélé à l'origine sociale : la part des élèves français en difficulté passe de 15 à 19%, tandis que la proportion d'élèves de haut niveau passe de 8 à 13%. Ce creusement des écarts est particulièrement préoccupant, comme l'est le recul significatif des résultats des garçons au regard de ceux des filles (particulièrement dans la maîtrise de l'écrit), le comportement général des élèves français qui n'ont guère confiance en eux et se découragent facilement en cas de difficulté ou encore leur inquiétude concernant la question des conditions de travail en classe qui, à leurs yeux, ne sont pas assez rigoureuses et ne les aident pas à se concentrer.

de PISA, au détriment, parfois, d'autres domaines de connaissance, moins facilement évaluables et pour lesquels la comparaison internationale n'est guère possible. Et puis, surtout, vous vous élevez contre ces classements qui ont d'autant moins de sens qu'ils ne comparent pas le même nombre de pays lors de chaque enquête... ce qui n'empêche pas des journaux très sérieux d'affirmer doctement que « la France recule de cinq places en mathématiques ! ».

Que retiennent les médias du « palmarès » de PISA ? Que les pays de l'Asie du sud-est (Shanghai et Hong-Kong – qui sont évalués ici en tant que « provinces » de la République populaire de Chine –, Singapour, le Japon et la Corée) caracolent en tête dans tous les domaines tandis que la France est loin derrière eux... En mathématiques, nous sommes au vingt-cinquième rang mondial, après l'Estonie, la Pologne, la Belgique ou la Slovénie. Nous nous en sortons un peu moins mal en lecture (grâce, en particulier, au résultat des filles), arrivant juste derrière le Vietnam et avant la Norvège, à la vingt-et-unième place. Mais, en matière de culture scientifique, en revanche, nous reculons à la vingt-sixième place, derrière la Lettonie ! De quoi s'inquiéter pour le pays des Lumières et de la Déclaration des Droits de l'homme, de Jules Ferry et des Hussards noirs de la République !

Lors de l'enquête PISA 2009, un pays européen avait obtenu à peu près les mêmes résultats que les pays asiatiques, la Finlande : cela avait fait couler beaucoup d'encre et de nombreux Français s'étaient demandés si nous ne devions pas la prendre pour modèle. En 2012, ses résultats restent bons, mais compte tenu de l'arrivée de nouveaux pays en compétition, elle recule légèrement dans le classement en mathématiques, se faisant même « doubler », en Europe, par le Liechtenstein et la Suisse. En revanche, elle continue à talonner les pays d'Asie en lecture et en sciences... Observons, plus précisément, les résultats en lecture : en 2012, la Corée et la Finlande obtiennent des résultats chiffrés à peu près comparables. Mais on ne peut s'en tenir à cette constatation arithmétique ! Nous devons nous demander : *à résultats scolaires égaux*, lequel de ces deux systèmes éducatifs – et politiques – nous apparaît préférable ? Dans lequel de ces deux pays préfèrerions-nous vivre et où voudrions-nous que nos enfants soient scolarisés ? Il faut, pour cela, regarder de près comment ces deux pays s'y prennent.

En Finlande, les élèves sont scolarisés dans des classes hétérogènes jusqu'à seize ans. Ils n'ont aucune note chiffrée, mais des évaluations qualitatives leur permettant d'orienter leurs efforts ; ils bénéficient de parcours personnalisés en fonction de leurs besoins et n'ont aucun travail à la maison. De plus, ils occupent une grande partie de leur temps scolaire à des recherches documentaires, seuls ou en petits groupes. Ils sont systématiquement encouragés à participer à des troupes de théâtre, à des chorales ou à des activités culturelles de toutes sortes. L'après-midi, les écoles restent ouvertes et accueillent des clubs d'astronomie, de reliure ou d'informatique qui réunissent élèves, parents, enseignants et habitants du quartier ou de la région... En Corée du Sud, en revanche, après des études primaires assez semblables aux nôtres, les élèves sont triés à dix ou onze ans, de manière draconienne. Ils passent un examen d'entrée au collège et, s'ils sont reçus, sont soumis à un rythme scolaire d'une extrême dureté. De plus, la plupart d'entre eux doivent, pour réussir, prendre de nombreuses leçons particulières. Très vite, ils abandonnent toute activité extrascolaire pour ne vivre que dans l'obsession des bonnes notes. Le taux de dépressions et de tentatives de suicide augmente d'année en année.

Évidemment, il n'est pas question, ici, de diaboliser les systèmes éducatifs asiatiques et d'idéaliser la Finlande, dont les spécificités historiques et géographiques rendent le système difficilement transposable en France. Mais la question se pose : pouvons-nous, dès lors qu'il s'agit d'éducation, réduire l'évaluation de nos écoles et de nos établissements aux seuls indicateurs habituels de réussite scolaire ? 80 % d'élèves au niveau du baccalauréat... pourquoi pas ? Mais, pourquoi pas, dans un régime qui se veut formateur à la citoyenneté démocratique, 80 % des élèves qui auront été délégués de classes – et, donc, accompagnés et formés pour cela – au cours de leur scolarité ? 100 % d'élèves

> Se donner des indicateurs de réussite conforme à nos projets.

ayant un niveau de qualification ? Évidemment ! Mais pourquoi pas, aussi, 100 % d'élèves ayant eu l'occasion de faire une enquête, de préparer un dossier sur une question et de prendre la parole pendant une heure devant un groupe ? Une augmentation de 20 % des élèves « atteignant en langue vivante étrangère le niveau B1 du cadre de référence pour les langues du Conseil de l'Europe[4] » ? Qui pourrait s'y opposer ? Mais pourquoi pas une augmentation de 20 % du nombre d'élèves entretenant une correspondance en langue vivante étrangère ? Ou une augmentation de 20 % des élèves impliqués dans un projet artistique ou culturel ? Ou encore une augmentation de 20 % du taux de fréquentation des bibliothèques et centres de documentation ? Qui ne voit que ces indicateurs de réussite pourrait être multipliés à l'infini ? Qui ne voit qu'aucun choix, ici, n'est innocent et que chacun d'entre eux renvoie, tout à la fois, à un projet d'homme et de société... qu'il promeut des pratiques pédagogiques spécifiques et s'appuie sur une conception implicite de notre métier ? Et qu'on ne dise pas que les objectifs alternatifs que nous proposons conduiraient à une baisse catastrophique du niveau : les exercices scolaires et les examens traditionnels n'ont pas le monopole de l'exigence de rigueur et de qualité. La recherche de la vérité, la pensée critique, la référence à l'histoire et à la culture, le souci de la précision et de la perfection peuvent parfaitement être au cœur de pratiques qui conjuguent accès à l'autonomie et formation à la citoyenneté !

C'est pourquoi, si nous ne pouvons pas refuser – au risque d'être considérés comme des irresponsables – qu'on évalue notre travail, nous ne pouvons accepter, pour autant, qu'on nous impose les critères d'évaluation, terriblement réducteurs, qui dominent aujourd'hui. Certes, les statisticiens ont fait quelques progrès et pondèrent maintenant les pourcentages de réussite au baccalauréat des lycées en introduisant le niveau à l'entrée, la politique de sélection de l'établissement et l'origine socioculturelle des élèves : ils ont raison. N'importe quel proviseur – nous le savons bien – peut obtenir de bons résultats au baccalauréat en ne prenant dans son lycée que de bons élèves déjà for-

4. Loi d'orientation sur l'avenir de l'école, mars 2005.

matés pour réussir l'examen. Il faut donc tenir compte de ce que les Italiens nomment « le taux de mortalité scolaire » et mesurer la « valeur ajoutée » par l'établissement... Mais, même avec cela, nous restons tributaires d'une évaluation trop formelle, trop technocratique, insuffisamment référée à l'ensemble de nos missions.

Sortons donc, enfin, des débats sans fin sur le niveau de nos élèves : le niveau baisse-t-il ou monte-t-il ? La question est, certes, importante. Mais à condition qu'on en traite simultanément une autre : de quel niveau parle-t-on ? Impossible de continuer cette guerre picrocholine entre journalistes et experts de toutes sortes, tant que nous n'aurons pas travaillé sérieusement à la reconstruction complète de nos critères de réussite. Tant que nous n'accepterons pas que ces derniers ne peuvent pas faire systématiquement l'objet de statistiques et s'exprimer dans un bilan purement quantitatif...

Refuser l'hégémonie des statistiques et la réduction de nos objectifs à ce qui est mesurable.

Impossible, aussi, de se contenter de défiler en criant que « l'École n'est pas une entreprise », si nous ne travaillons pas, de l'intérieur, à changer les pratiques d'évaluation pour nous dégager du marchandage scolaire qui nous renvoie effectivement dans le système productif : tant que la note restera un salaire pour un travail effectué plus ou moins volontairement et ne deviendra pas une indication pour se situer et progresser, l'École continuera, irrémédiablement, à basculer dans l'économie de marché[5].

---

5. Je ne saurais trop vous demander de vous méfier de cette tentation – que nous avons tous – de mesurer notre autorité, voire notre compétence, à notre capacité à mettre des mauvaises notes. En toute rigueur, les mauvaises notes sont d'abord le constat de notre échec à mobiliser l'élève et à le faire réussir. Nous ne devrions jamais nous y résigner et, encore moins, nous en réjouir ! À cet égard, je vous conseille la lecture du livre stimulant d'André Antibi, *La Constante macabre, ou comment a-t-on découragé des générations d'élèves*, Paris, Math'Adore, 2004.

Inutile, enfin, de stigmatiser les dérives libérales du système si l'on ne se bat pas contre toutes les formes d'exclusion et de relégation, si l'on ne fait pas en sorte que tous, même ceux qui n'auront pas la possibilité de poursuivre leurs études dans des filières prestigieuses, acquièrent les fondamentaux de la citoyenneté. Une « école juste », explique François Dubet, ne peut ajouter l'humiliation à l'échec[6]. Elle ne peut pas, non plus, faire l'impasse sur des savoirs sans lesquels les plus démunis perdent toute chance de comprendre un peu ce qui leur arrive...

Notre horizon professionnel n'est donc pas celui de la rentabilité économique des modèles libéraux. Nous n'avons, d'ailleurs, ni à en tirer gloire, ni à en avoir honte. C'est ainsi. Nous enseignons en faisant de notre mieux, au sein des dispositifs institutionnels qui nous sont proposés, en mettant en œuvre des démarches didactiques que nous tentons d'élaborer le moins mal possible... Mais, nous ne devons jamais perdre de vue que l'événement pédagogique ne peut être programmé par personne. Nous pouvons tout faire pour qu'il advienne, s'efforcer de le rendre plausible... il reste toujours, heureusement, fabuleux. Même largement prévisible, il n'en demeure pas moins, quand il advient, inimaginable.

> **S'obstiner à rendre possible ce qu'on sait, pourtant, ne pas pouvoir déclencher mécaniquement.**

C'est ainsi – et ainsi seulement – que son espérance peut continuer à nourrir le projet d'enseigner.

6. *L'École des chances : qu'est-ce qu'une école juste ?*, Paris, Seuil, 2004. Lisez ce petit livre particulièrement stimulant et qui, pour une fois, pose les questions éducatives du point de vue des « perdants » du système.

5
Au cœur de notre métier : l'exigence

Je sais que vous ne prisez guère les débats byzantins. Ou, plus exactement, que vous en faites un usage modéré, limité aux conversations entre amis et à quelques engueulades convenues en salle des professeurs. Dans la pratique, au quotidien, vous ne vous demandez pas si c'est l'élève ou le savoir qui est « au centre du système ». Vous enseignez le mieux possible : en vous efforçant de transmettre les savoirs définis par les programmes aux élèves tels qu'ils sont. Vous ne perdez pas, pour autant, tout espoir de rendre vos élèves meilleurs, plus attentifs, plus rigoureux, plus investis dans leurs apprentissages. Pas plus que vous ne vous interdisez quelques détours du côté des connaissances qui ne sont pas inscrites dans les programmes, dès lors qu'elles vous paraissent susceptibles, précisément, de ramener vos élèves vers ces mêmes programmes.

L'absurde querelle de « l'élève au centre ».

D'ailleurs, vous auriez bien tort de vous arrêter à une formule – « l'élève au centre du système » – qu'on trouve dans la loi d'orientation de 1989, mais qui avait été énoncée dès les années 1900 par Édouard Claparède, au moment de la fondation de l'Institut Jean-Jacques Rousseau à Genève[1]. Il s'agissait, alors, de rappeler que c'est l'élève qui apprend, et lui seul. Et que, donc, tous les efforts de l'École doivent converger vers ses apprentissages. Lapalissade sans

1. Vous avez bien noté qu'on parle de l'élève – c'est-à-dire d'un sujet en situation d'apprentissage scolaire – et non de l'enfant, *a fortiori* de l'infantile.

aucun doute aujourd'hui... Mais qui l'était probablement moins il y a un siècle, quand le modèle clérical dominait largement et que certains pensaient encore que le savoir se transmettait sur un mode sacramentel, par imposition des mains et de la parole.

« L'élève au centre du système » est donc un principe de bon sens dans une société laïque et démocratique qui veut transmettre à tous ses enfants les fondamentaux de la citoyenneté. Principe rappelé en 1938 par Jean Zay, ministre de l'Éducation nationale du Front populaire, qui conclut l'une de ses principales circulaires par cette interrogation : *« Vers l'enfant, centre commun, tous les efforts ne doivent-ils pas converger? »* Qui, en effet, pourrait prétendre le contraire?

Mai 68 encore et toujours accusé !

Évidemment, il reste toujours quelques ignorants qui imaginent que cette formule est un ersatz de Mai 1968, signe l'abandon de toute exigence, instaure l'adoration béate de l'élève et l'obéissance à tous ses caprices[2]. Ceux-là n'ont pas regardé de près ce qui s'est passé dans les années qui ont suivi 1968; ils n'ont pas vu le reflux des quelques initiatives non directives de l'époque et ne savent rien de la vie quotidienne des établissements d'aujourd'hui. Ils oublient, enfin, que votre génération – celle des professeurs qui ont pris leurs fonctions depuis quelques années ou vont les prendre bientôt – n'a pas vécu Mai 1968 et n'a pas de problème à régler avec l'autorité. Vous savez qu'il faut l'assumer. Vous avez raison. Vous demandez simplement, et légitimement : comment? C'est Bruno Descroix, un professeur de mathématiques de trente-trois ans, passé, au hasard de ses affectations, du lycée Louis-le-Grand à un lycée de Seine-Saint-Denis, qui note justement à propos de la *Lettre à tous ceux qui aiment*

2. La critique de Mai 1968, devenue aujourd'hui un lieu commun, date de... 1954! C'est à cette date, en effet, qu'Hannah Arendt publie *La Crise de la culture* (Paris, Gallimard, 1972), ouvrage dans lequel elle consacre un chapitre à l'éducation dans « le nouveau monde », auquel les contempteurs de Mai 1968 se réfèrent sans cesse. Les parents, explique-t-elle, ont renoncé à transmettre l'héritage culturel dont les nouvelles générations ont besoin; ils n'exercent plus leur autorité et laissent leurs enfants aux mains de petits caïds qui les entraînent dans le conformisme et la délinquance... En réalité, à travers un courant pédagogique permissif qui sévissait alors aux États-Unis, Hannah Arendt dénonce, de manière générale, la démission des éducateurs. Démission déjà stigmatisée par les pédagogues du XVIIIe siècle et encore d'actualité aujourd'hui, mais pas nécessairement là où l'on croit.

l'école[3] diffusée massivement par le ministre de l'Éducation nationale en 2003 : *« Quand on sait l'attachement de la majorité des professeurs à transmettre un savoir et les difficultés qu'ils rencontrent dans cette tâche, dénoncer les "mirages du jeunisme" ou faire d'un retour de "la transmission des savoirs" la clé de voûte des réformes à venir a pu paraître décalé, pour ne pas dire plus : le signe que l'on refusait de s'attaquer au problème concret du "comment faire ?"*[4] »

Or, pour entrer dans le « comment faire ? », il faut d'abord se débarrasser des fausses questions qui nous encombrent. Des dilemmes qui absorbent toutes nos énergies et paralysent notre inventivité. Ainsi en est-il, par exemple, de l'opposition entre « la motivation » et « le travail ». Luc Ferry s'y est enferré, alors qu'en tant que philosophe et ministre, il aurait dû nous aider à la dépasser. Ainsi explique-t-il, dans un ouvrage qui tente un bilan de son passage au ministère, que nous devons refonder « la pédagogie du travail » : il affirme que *« le travail doit précéder la motivation et non l'inverse. Car c'est là, à mes yeux, la racine même des difficultés pédagogiques auxquelles se heurtent aujourd'hui toutes les idéologies modernistes. [...] Contrairement à ce que l'on dit sans réellement y réfléchir : ce n'est pas la motivation qui fonde le travail, mais l'inverse. C'est seulement quand on a durement et longuement travaillé une discipline qu'elle devient intéressante*[5] *».*

> **Faut-il être motivé pour travailler ou travailler pour devenir motivé ?**

Passons sur l'ignorance de la réflexion, dans ce domaine, de tous les grands penseurs de « l'École moderne » et, en particulier, de Célestin Freinet et de son ouvrage majeur *L'Éducation du travail*[6]...

---

3. Luc Ferry, Xavier Darcos et Claudie Haigneré, Paris, Odile Jacob, 2003. Vous vous souvenez, peut-être, de ce livre qui fut envoyé à tous les professeurs de France et fit un beau succès de librairie. Il n'a plus aujourd'hui qu'un intérêt documentaire.

4. *Demain les profs*, Paris, Bourin éditeur, 2004, page 109. Voilà un beau témoignage d'un de vos jeunes collègues qui a connu successivement les ors d'un lycée prestigieux du 5ᵉ arrondissement de Paris et les problèmes d'un lycée de banlieue... Vous discuterez, sans aucun doute, ses propositions, mais son ouvrage est particulièrement tonique.

5. *Comment peut-on être ministre ? Essai sur la gouvernabilité des démocraties*, Paris, Plon, 2005, pages 205 et 206.

6. Neuchâtel-Paris, Delachaux et Niestlé, 1978.

Passons sur l'assimilation rapide entre la motivation et le jeu (on pourrait, d'après Luc Ferry, motiver le petit enfant en le faisant jouer, mais, au fur et à mesure, on se heurterait « à une part incompressible d'apprentissage livresque » pour laquelle la motivation ne jouerait plus[7] !)... Passons sur le schématisme prêté au pédagogue qui s'imaginerait pouvoir obtenir de l'enfant un travail scolaire « sans la moindre contrainte[8] »... Tout cela n'est pas sérieux! Tout professeur sait qu'il doit conjuguer *en même temps* la motivation et le travail, sans établir de préalable entre les deux, ni faire de l'un des deux éléments la condition de l'autre.

Faire émerger la motivation dans le travail...

Nous imposons, en effet, à l'élève une multitude d'activités qu'il ne demande pas et pour lesquelles il ne peut d'ailleurs pas être motivé à l'avance, ignorant tout des satisfactions qu'elles sont susceptibles de lui apporter! Mais nous ne nous résignons pas, pour autant, à le faire travailler par simple soumission, servitude ou peur de la sanction. Tout notre effort consiste à faire émerger la motivation dans le mouvement même du travail : nous proposons donc des tâches à l'élève. Des tâches sur lesquelles nous émettons l'hypothèse qu'il peut investir son énergie, des tâches dont il peut identifier les contours et anticiper, au moins partiellement, le résultat. Nous savons bien que ces tâches vont lui demander un effort, mais nous lions, consubstantiellement, cet effort à notre propre effort pour lui faire découvrir des satisfactions intellectuelles inédites, des horizons nouveaux qui stimuleront sa curiosité. Pas question – comme des esprits schématiques voudraient nous le

7. Qui connaît un peu la réalité des activités de haut niveau intellectuel – que ce soit la recherche scientifique ou le travail artisanal, la création artistique ou la maintenance technologique, le responsabilité d'une entreprise ou celle d'un jardin potager – sait que l'investissement humain, pour pouvoir soutenir l'effort dans la durée, comporte toujours une part de jeu. On peut d'ailleurs émettre l'hypothèse que l'élève qui réussit parfaitement en mathématiques, en géographie ou en langue vivante est celui qui est capable, justement, de trouver des satisfactions à caractère ludique dans « la part incompressible d'apprentissage livresque »!

8. Je n'ai pas connaissance, pour ma part, du moindre texte ou de la moindre proposition pédagogique qui soutiendrait une telle position.

faire croire – d'éradiquer le principe de plaisir et de le remplacer de force par la dure loi du travail contraint : ça, c'est l'échec assuré, car l'enfant ou l'adolescent ne renoncera alors à son plaisir que pour le retrouver ailleurs, dans une révolte stérile, la persécution d'autrui ou des conduites addictives! Notre tâche, au contraire, est d'accompagner l'évolution d'un sujet afin que, progressivement, il trouve du plaisir dans un travail assumé. Pas le moindre marchandage ici, tout au contraire : une exigence réciproque qui n'a pas besoin d'être verbalisée. Une promesse de l'un qui nourrit l'engagement de l'autre et vice versa. Bref, rien d'autre que cet événement pédagogique dont nous sommes en quête et dont nous nous éloignons irrémédiablement chaque fois que nous exigeons l'obéissance aveugle comme préalable à l'exercice de l'intelligence, le dressage comme préalable à la liberté.

... et engager un vrai travail quand on s'appuie sur la motivation.

Et, symétriquement, de même que nous nous efforçons de faire apparaître la motivation dans le travail, nous devons avoir à cœur d'engager un vrai travail chaque fois que nous nous appuyons sur la motivation... À cet égard, je ne suis pas de ceux qui, comme Natacha Polony, méprisent les collègues qui font élaborer à leurs élèves « un dossier sur les rastas[9] ». J'avoue que je n'aurais jamais, moi-même,

9. *Nos enfants gâchés*, Paris, Jean-Claude Lattès, 2005. L'auteur dénonce, dans ce livre, nos abandons successifs et l'inculture massive « que l'on connaît ». À la lire, en effet, aucun élève de Terminale ne saurait plus faire la différence entre Rimbaud et Rambo; ils auraient même abandonné toute référence au premier pour s'adonner unanimement au culte du second. Le problème, c'est que Natacha Polony nous demande simplement de la croire sur parole. Quelques exemples, quelques propos rapportés... avant de conclure définitivement et de ridiculiser, au passage, les esprits chagrins qui demanderaient à y voir de plus près! On pourrait parfaitement tenir, avec tout autant d'aplomb, la position inverse. Montrer que les salles de théâtre, les opéras et les musées n'ont jamais été aussi fréquentés par les scolaires, que les pratiques artistiques se développent partout et que la vente des classiques est en progression constante. Évoquer les programmes de l'école primaire de 2002, avec l'introduction de l'étude obligatoire d'œuvres littéraires, ou les exigences des programmes des filières scientifiques que tous les universitaires s'accordent à reconnaître bien excessives. Au bout du compte, qui aurait raison? Natacha Polony ou son contradicteur? Impossible de trancher. Les exemples ne sont pas des preuves et la réalité est bien trop contrastée pour permettre de tenir, sur cette question, un discours aussi idéologique. Si, comme l'affirme Natacha Polony « l'École a pour objet la transmission de savoirs vérifiés », il faut alors absolument proscrire cet essai de toutes les bibliothèques scolaires!

eu l'idée d'un tel travail; mais, après tout, si ce dossier permet de comprendre comment un mouvement musical peut devenir une échappatoire à la délinquance, quelle est la place du contretemps en musique, le rôle historique d'Haïlé Sélassié, la différence entre une religion et une secte, le sens des rites initiatiques comme celui des marquages vestimentaires et physiques... peut-être pourra-t-on, assez vite, amener les élèves à la lecture de *L'homme qui rit* de Victor Hugo? Et, si vous n'êtes pas convaincu, lisez le bel ouvrage de Catherine Henry, *De Marivaux et du Loft*[10] : vous y verrez une professeur de lettres qui réussit à dégager ses élèves de la fascination de la télé-réalité pour les amener à aborder un auteur de la littérature classique. Sans la moindre concession. Avec, tout à la fois, une grande délicatesse qui respecte chacun dans son intimité et l'accès, grâce à Marivaux, à l'intelligence des processus de séduction dans ce qu'ils ont de plus universel. Au bout du compte, quelques élèves, bien sûr, ont bien dû continuer à regarder le *Loft*, mais avec un tout autre regard... et la connaissance de Marivaux dont on peut penser qu'ils n'en sont pas ressortis tout à fait indemnes! Beau défi relevé sans autorisation exceptionnelle du chef d'établissement ou de l'inspecteur. Beau travail pour faire advenir, sans le moindre renoncement ni le moindre angélisme, l'événement pédagogique.

Ne pas mépriser ce qui peut mobiliser les élèves...

C'est pourquoi il y a quelque chose d'insupportable dans cette dénonciation systématique et permanente de « la démagogie pédagogique » de la part des intellectuels bien-pensants. Ils nous accusent de rabaisser les savoirs, de brader l'ambition de l'École, de priver nos élèves des connaissances et de la culture auxquelles ils ont droit. Ils moquent nos tentatives, pitoyables à leurs yeux, pour prendre appui sur leurs centres d'intérêt, leur faire réaliser des panneaux sur les effets spéciaux au cinéma ou des exposés sur Harry Potter... On voudrait croire que, derrière de tels propos, ne se cache pas une quelconque velléité d'abandon : *« Enseignons la vraie culture à ceux qui la méritent et en sont*

10. Paris, P.O.L. éditeur, 2003.

dignes... Et renvoyons les autres de l'école le plus vite possible ! En apprentissage, par exemple, dès la fin de la Cinquième ou de la Quatrième, préparer un CAP, avec treize semaines de cours par an ! » On voudrait croire que la critique de la « pédagogie couscous » ne cache pas un véritable renoncement à enseigner. Mais, est-ce si sûr ? N'y a-t-il pas là, en réalité, une véritable détestation de toute forme de médiation, un refus d'accompagner les personnes en les prenant là où elles sont, non pas pour les y laisser, bien au contraire, mais pour les faire progresser de manière exigeante ?

Car tout est dans l'exigence : le dossier sur les rastas, le panneau sur les effets spéciaux ou l'exposé sur Harry Potter peuvent être, effectivement, une manière d'abandonner les élèves à la médiocrité médiatique et de les exclure de toute véritable culture... C'est le cas, évidemment, chaque fois qu'on laisse se dérouler un simulacre de recherche personnelle ou en groupe, qu'on transforme la classe en lieu d'exhibition pour quelques amuseurs efficaces et qu'on assiste au spectacle en se contentant, complice ou accusateur, d'évaluer le résultat. Mais ce n'est nullement le cas quand on accompagne les élèves, au plus près et de manière exigeante, à l'affût des questions qui se posent et des ouvertures culturelles possibles, attentif à ces petits détails de « forme » qu'on a si souvent tendance à considérer comme secondaires... Il faut utiliser un vocabulaire précis et faire des phrases correctes. Il faut, pour bien comprendre, faire un détour par l'histoire. Il faut, pour se faire entendre, structurer son propos, utiliser des arguments qui portent et des exemples pertinents. Il faut, en fait, que le moindre mot, la moindre expression, le moindre geste soient portés par un impératif absolu de qualité.

> ... dès lors que l'on tient fermement sur l'exigence de qualité.

J'ai souvenir d'un ouvrage qui eut son heure de gloire il y a quelques années, *Traité du zen et de l'entretien des motocyclettes* de Robert M. Pirsig. Je reconnais, bien volontiers, qu'il est un peu daté et que certaines de ses références risquent de vous faire sourire aujourd'hui. C'est l'histoire d'un père et de son fils qui traversent les États-Unis à motocyclette. Et, au cœur, de leur quête, s'impose petit à petit, ce qu'ils nomment « la qualité ». La qualité n'est nullement ici, justement, « une qualité » supplémentaire, une dimension étrangère à « la nature des choses » qui viendrait s'ajouter aux créations des hommes. La qualité, c'est l'intentionnalité de l'acte portée à incandescence, quand ce qui est fait l'est avec une telle perfection que cela s'impose comme une évidence. La qualité, c'est le geste exact, précis, d'où est exclu tout à-peu-près. Le geste-en-soi qui se suffit à lui-même. Le mouvement du danseur, la phrase de l'écrivain, le coup de pinceau du peintre, la manipulation du scientifique, le calcul du mathématicien comme le tour de vis du mécanicien : *« Contrairement à ce que pensent la plupart des gens, l'entretien des motocyclettes est un exercice éminemment rationnel. [...] Un moteur de motocyclette obéit point par point aux lois de la raison ; et une étude de l'art de l'entretien des motocyclettes, c'est, en miniature, une étude de l'art du raisonnement*[11]. »

Il y a quelque chose de fondamental pour moi dans une telle reconnaissance, quelque chose qui est le vecteur de nos activités professionnelles : *toute activité humaine porte en elle, dès lors qu'elle est travaillée avec une exigence maximale, toute l'intelligence humaine*. Il n'y a pas, jamais, d'objet de travail qui pourrait mériter d'emblée notre mépris. Tout objet de travail est digne d'exhausser celui qui se le coltine complètement jusqu'à « l'humaine condition », comme dit Montaigne. Toute connaissance, explorée jusque dans ses moindres recoins, exposée avec toute la rigueur possible et en allant jusqu'au bout de ce qu'on peut en comprendre à un moment donné de l'histoire des hommes, fait advenir « de l'homme ». Et cela – à côté du dérisoire et de l'insignifiance, des approximations et des gesticulations – fait événement.

Quels que soient nos objets de travail et quelle que soit la discipline enseignée, la recherche du « geste juste » doit toujours être au centre de notre démarche.

J'ai mis du temps – je dois l'avouer – à comprendre et à formaliser cela. Je l'ai éprouvé, je crois, pour la première fois, alors que j'étais

11. Paris, Seuil, coll. « Points », page 106.

professeur de lettres et que je tentais de faire du théâtre avec mes élèves. C'est que le théâtre est, à cet égard, une fameuse école : la scène, les rites, la lumière... tout invite à cesser la gesticulation qui nous occupe tant dans « la vie » pour tenter d'accéder à la densité du geste. On lève la main. On fait un signe. Tous les muscles se tendent et font mal. Toute l'intentionnalité passe dans un salut. La qualité de l'expression n'est pas un supplément d'âme, mais le sujet lui-même qui se fait corps et parole... Et, jusqu'à aujourd'hui, chaque fois que je participe ou assiste à un travail d'expression artistique avec des élèves – en danse, en théâtre, en musique, en calligraphie, en peinture ou en sculpture – je suis émerveillé par le travail extraordinaire qui s'effectue là : la gesticulation médiatique du Lunapark planétaire est suspendue; on prend son temps, on se recentre pour mieux communiquer avec les autres; on intériorise petit à petit l'exigence jusqu'à la porter au plus profond de soi et, un jour peut-être, n'avoir plus besoin de professeur à ses côtés pour l'incarner.

J'ai retrouvé, ensuite, cette même exigence en travaillant dans un lycée professionnel, avec des collègues « professeurs d'atelier » qui réussissaient à obtenir de mes élèves des pièces usinées à la perfection, tandis que les mêmes élèves ne me rendaient que d'infâmes torchons. J'ai compris cette exigence, aussi, en écoutant des Compagnons du Devoir montrer comment *« l'apprentissage permet à un individu immature et dispersé de se transformer en homme mature, concentré et responsable »* par la recherche inlassable du « geste juste[12] ». J'ai vu cette exigence à l'œuvre chez de petits artisans et de grands chercheurs. Chez des artistes et des ouvriers. Des gens qui, tous, « s'appliquaient », comme des enfants de maternelle dans leurs premiers dessins, en tirant la langue et en clignant des yeux... J'ai découvert avec eux que la qualité n'était pas un jugement subjectif, mais une émanation même des choses qui parviennent, avec le minimum de moyens, à exprimer les réalités les plus universelles. Pas de différence, à cet égard, entre une métaphore poétique et une formule de physique,

12. Dominique Naert, « Le premier geste », *Médium*, n° 3, avril-mai-juin 2005, pages 120 à 131 (page 130).

entre le geste expert d'un sportif de haut niveau et la démonstration du philosophe, entre le réglage minutieux du mécanicien et le travail d'un élève qui s'échine, dans une description, à trouver le mot juste.

Et j'ai accédé ainsi, par la bande et à mon corps défendant en quelque sorte, à mon métier de professeur. Car, que nous enseignions le français ou la technologie, la cuisine ou la physique, la comptabilité ou la biologie, l'éducation physique ou la géographie, l'électricité ou les lettres classiques, nous sommes d'abord porteurs de cette exigence de qualité sans laquelle aucune de nos disciplines, aucun savoir humain ne se seraient jamais constitués.

Mettre un terme aux hiérarchies arbitraires entre les disciplines d'enseignement.

C'en est fini, alors, de la soi-disant hiérarchie des disciplines scolaires. En effet, autant il est loisible, pour une société, de spécifier les matières auxquelles elle attache une importance plus grande pour la réussite et l'intégration sociales de ses membres, autant il est injustifiable de distinguer ces matières au regard de l'intelligence des hommes et de la manière dont elles peuvent faire grandir chacun d'eux... Et, même si mon âge, ma formation, mon entourage intellectuel m'invitent à résister de toutes mes forces à cette idée, je crois qu'il faut absolument militer aujourd'hui pour l'égale dignité de la culture scientifique et technique par rapport aux traditionnelles humanités. Je voudrais que les professeurs des disciplines professionnelles soient reconnus, à l'instar de ceux qui enseignent les prestigieuses disciplines générales, comme les vrais intellectuels qu'ils sont. Je voudrais qu'on cesse d'oublier le tiers des lycéens qui passent aujourd'hui un baccalauréat professionnel et qu'on leur donne accès, comme aux autres, à la réflexion philosophique. Je voudrais que l'École cesse de promouvoir une culture superficielle, oubliée aussi vite que répétée, et implique chaque jeune dans une démarche pour qu'il puisse, comme le disait déjà Pestalozzi, « se faire œuvre de lui-même ».

Plus besoin d'opposer alors la motivation au travail en des querelles stériles. Plus besoin de gloser indéfiniment sur l'élément qui serait le préalable de l'autre[13]. Le travail ne doit pas plus précéder la motivation que la motivation le travail : c'est l'activité exigeante qui doit *mobiliser*[14] l'élève, c'est elle qui le fait apprendre et le fait grandir. Être exigeant, en tout et dans les moindres détails, suffit. Exigeant à mon égard tout autant qu'à celui des élèves. Exigeant dans les tâches les plus banales et quotidiennes comme dans les moments les plus exceptionnels et ritualisés. Exigeant sur le travail pour lequel nous tentons de motiver nos élèves comme dans les activités qu'ils choisissent librement. En ne cherchant pas à les « accrocher » démagogiquement, mais à déclencher une dynamique par laquelle ils « s'accrocheront » eux-mêmes, se mettront en mouvement et se projetteront vers un futur.

Être exigeant avec soi-même et avec ses élèves…

Mais, pour donner corps à cette exigence, pour incarner cette possibilité de dépassement, il faut – vous le comprenez bien – changer radicalement nos pratiques d'évaluation. Il faut rompre avec le laxisme institué qui permet de noter un exercice ou un devoir 3 sur 10 ou 7 sur 20… et de passer à la suite sans plus de cérémonie. L'élève

---

13. Puis-je vous avouer ma profonde aversion pour cette pensée qui cherche toujours à mettre des préalables à l'éducation? C'est, en réalité, une pensée de la résignation, contraire à ce que nous apprend toute l'histoire de la pédagogie. Ainsi, faudrait-il attendre de savoir nager pour avoir le droit d'aller à la piscine. De savoir lire pour pouvoir ouvrir des livres. De savoir écrire, parfaitement et sans fautes, pour griffonner sa première lettre d'amour… Attendre de savoir faire l'amour pour faire l'amour! En réalité, la « pédagogie des préalables » place toujours « les savoirs » ou « des savoirs » comme une condition indispensable d'accès aux connaissances et à la culture. Elle trouve toujours des prétextes pour reculer le moment de la confrontation avec la culture : *« Il manque de bases; il lui faut d'abord consolider ses acquis; le temps fait défaut et il vaut mieux se concentrer sur le fondamental… »* Mauvais calcul! La « pédagogie des préalables » coupe, en réalité, les ponts qu'elle prétend construire. Elle empêche les enfants d'entendre la vie gronder derrière les connaissances fossilisées que l'École leur enseigne. Elle fabrique de la mort avec du vivant… quand il faudrait, à l'évidence, faire le contraire : restituer le projet culturel qui a donné naissance aux savoirs.

14. Il faut préférer l'usage de « mobilisation » à celui de « motivation » : car « motivation » renvoie toujours, plus ou moins explicitement, à un désir ou un projet préexistant, alors que la « mobilisation » donne pleinement au professeur sa fonction dynamique de faire émerger le désir et la volonté d'apprendre à l'occasion d'une activité pédagogique qu'il propose.

a bâclé son travail, il a récolté une mauvaise note : le marché est équitable... et l'on en reste là ! Comment engager ainsi chacune et chacun à donner le meilleur de lui-même pour progresser, pour se dépasser ? Il vaut mille fois mieux demander à l'élève de reprendre son travail en tenant compte de notre correction et de nos conseils. Il vaut mille fois mieux l'aider à l'améliorer, étape par étape, jusqu'à ce que nous puissions lui donner un *satisfecit*, qu'il ait atteint l'objectif fixé et qu'il puisse lui-même être fier du résultat qu'il a obtenu. La pédagogie du « chef d'œuvre » des Compagnons du Moyen Âge devrait, ici, nous inspirer : le chef d'œuvre témoigne, en effet, de l'acquisition de connaissances mises à l'épreuve d'une construction élaborée qui les ressaisit et prouve leur appropriation. Le chef d'œuvre permet de relever un défi et de s'exhausser au-dessus de ses difficultés ; il mobilise nos énergies et nous rappelle l'exigence à laquelle nous sommes astreints ; il nous permet d'explorer des savoirs nouveaux, d'acquérir des savoir-faire et de les formaliser. Ainsi, grâce à lui, en réalisant une « œuvre », son auteur, selon la belle formule de Pestalozzi, « *se fait œuvre de lui-même* ».

Bien sûr, pour nous soutenir dans cette évolution de nos pratiques pédagogiques, il faut que l'institution abandonne l'usage stupide de la moyenne, qu'elle cesse de permettre qu'un 13 en français compense un 7 en physique ou vice-versa ! Il faut qu'elle aille délibérément vers une évaluation par « unités de valeur », à la manière de ce que Célestin Freinet avait mis en place avec le système des « brevets ». Il faut qu'elle nous encourage à travailler sur des tâches complexes et sur le long terme au lieu de parcelliser à l'infini les connaissances et les compétences ; il faut qu'elle mette au programme la rencontre des œuvres, de vraies œuvres, qui témoignent, aux yeux des élèves, de ce que les humains peuvent accomplir dès lors qu'ils conjuguent l'effort de comprendre et la joie de créer... Mais, d'ores et déjà, vous-mêmes, au quotidien et sans avoir besoin d'autorisation particulière, vous pouvez avancer sur ce chemin : en apprenant à vos élèves à travailler et retravailler leurs brouillons, en pratiquant le sursis à l'évaluation définitive tant que l'élève n'a pas pris en compte vos conseils, en engageant chacune et chacun dans des tâches exigeantes qui mobiliseront tout à la fois leurs intérêt et leurs efforts.

Le jeune professeur que vous êtes sait bien, d'ailleurs, que c'est ainsi qu'il a lui-même progressé. Quand il se retourne sur son propre passé scolaire et se demande ce qui l'a le plus marqué et ce dont il se souvient le mieux, c'est bien ce type d'engagements qui lui revient immédiatement à l'esprit. Ces moments où il s'est pris – ou vous vous êtes pris – au jeu du savoir... et dont vous n'êtes toujours pas revenu.

Et puis, n'ayez crainte. Contrairement à ce qu'on raconte ici ou là sur le danger que ferait courir à notre culture cette pédagogie, sur l'égalitarisme ravageur qui mettrait à bas notre civilisation, il n'y a aucun relativisme dans la démarche que je propose. Juste le contraire.

Je ne dis pas que tout se vaut : je dis que *c'est l'exigence de qualité – portée par le désir d'atteindre la perfection d'humanité – qui, en tout, distingue ce qui vaut*. Et que ce qui vaut, c'est ce que notre métier nous impose d'enseigner.

6
Une préoccupation dont nous n'avons pas à rougir : la discipline en classe

Ne tournons pas plus longtemps autour du pot : la question qui vous brûle les lèvres, c'est celle de la discipline en classe. Pas la discipline ou les disciplines que vous enseignez, mais la discipline que vous êtes capable – ou non – de faire régner au jour le jour, les conditions de travail que vous pouvez installer dans vos cours et qui rendent possible la mise en œuvre de tous vos efforts didactiques. Or, je voudrais vous convaincre que, justement, la question de *la discipline à enseigner* et celle de *la discipline à faire régner* sont bien une seule et même question. Et que toute tentative pour les séparer conduit à l'échec.

> Nul ne peut prétendre aujourd'hui ne pas avoir de problème de discipline.

Je viens de dire « vous ». Je n'aurais pas dû. Car c'est de « nous » qu'il s'agit. Nul ici, en effet, ne peut vous donner des leçons du haut de ses certitudes et vous garantir la réussite. Aucun formateur, aucun inspecteur, aucun directeur d'école ou chef d'établissement, aucun expert en sciences de l'éducation, aucun philosophe, aucun ministre... Quand je travaille avec de jeunes collègues qui m'exposent leurs difficultés en matière de discipline dans la classe, la première chose que je leur dis, sans la moindre affectation, c'est que je n'aurais peut-être pas été capable de faire mieux qu'eux !

Nous vivons, en effet, une situation scolaire complètement inédite qu'aucun esprit fort ne peut prétendre avoir complètement comprise et savoir totalement maîtriser. Les élèves, dans nos classes, ne sont pas seulement plus nombreux, ils sont aussi complètement différents de ce que vous étiez, vous-même, il y a encore cinq ou six ans : *« l'écoute vacille »*, comme l'explique Carole Diamant[1]; au-delà de quelques incidents spectaculaires, nous sommes entrés dans *« un temps intermédiaire et obscur »*; la pression médiatique s'exerce en permanence sur des enfants et des adolescents qui basculent, partout, dans le passage à l'acte.

Réfléchissez : la télécommande n'est plus seulement, aujourd'hui, un petit objet posé sur la table du salon, de la chambre ou de la cuisine, elle est totalement intériorisée et, avec elle, le principe qu'elle incarne fait irruption dans l'École : la connexion directe du sujet avec un monde, réduit lui-même à n'être plus que le jouet de ses caprices. La télécommande, en effet, c'est la régression infantile instituée : le monde nous appartient, tout y est possible, il suffit d'y penser très fort, de se concentrer, de fermer les yeux et de demander. Le zapping installe le téléspectateur en tyran. Et nos élèves en consommateurs d'images.

L'élève reproduit en classe l'attitude qu'il a devant la télévision : il zappe.

Car la télévision est un médium bien particulier : elle nous donne la possibilité de changer de chaîne et de programme à chaque instant, voire de regarder plusieurs émissions à la fois. On ne dispose pas de télécommande au cinéma ou au théâtre : là, on entre dans une salle et l'on s'astreint, en principe, à regarder un spectacle du début jusqu'à la fin, sans s'adonner à d'autres activités en parallèle. Face à la télévision, c'est tout le contraire : on jette un coup d'œil sur les programmes, on passe de chaîne en chaîne, on répond au téléphone, on grignote un

1. *École, terrain miné*, Paris, Liana Levi, 2005. Voilà une collègue, professeur de philosophie dans un lycée de la banlieue parisienne qui analyse, avec une belle humanité, la situation tendue de son établissement et, plus généralement, de notre métier. La lucidité, ici, échappe aux pièges de la dénonciation gratuite et n'exclut pas l'espérance.

morceau de fromage, on se dispute avec son frère ou sa sœur, on attrape le feuilleton qui commence, tout en tentant de connaître le résultat du jeu qui continue. Bref, on s'agite et l'on zappe en fonction des caprices du moment et de la nature des programmes qui sont proposés. Pour peu que l'on dispose du câble ou du satellite, l'offre est tellement gigantesque que les possibilités sont infinies. On combine ainsi, dans le même temps, l'agitation intérieure, une multitude d'activités de toutes sortes et le contrôle le plus strict sur « la machine à voir ».

Or, quand on sait que, d'après tous les chiffres dont nous disposons, les enfants et les adolescents passent en moyenne, sur une année, plus de temps devant leur téléviseur, la télécommande à la main, qu'à l'école, il n'est pas étonnant d'entendre des professeurs se plaindre d'être considérés comme des postes de télévision[2]. Ils sont là, dans la classe, à parler dans un coin, pendant que leurs élèves s'adonnent à une multitude d'activités : certains remplissent leurs agendas, d'autres rédigent des textos, d'autres dessinent ou préparent un exercice pour le cours suivant... Et, de temps en temps, les élèves jettent un coup d'œil, dressent l'oreille, attirés par une image ou une expression : ils sont attentifs quelques instants... avant de se remettre à faire tout à fait autre chose et de regretter qu'ici, malheureusement, on ne puisse pas changer de chaîne ! Ainsi la télécommande contribue-t-elle à désintégrer l'attention. Elle fait voler en éclats la perception linéaire, encourageant la dispersion systématique et l'agitation permanente. De plus, dans une course de vitesse infernale, la télécommande instituée entraîne les chaînes de télévision, qui craignent plus que tout que le spectateur ne fuie sur une chaîne concurrente, à multiplier les accroches successives, les provocations impromptues, les plans les plus brefs possible qui

2. Il faudrait aussi, bien sûr, évoquer l'influence, beaucoup moins repérée (car les adultes, contrairement aux chaînes de télévision, ne les connaissent pas), des « radios jeunes » : déversant dans les écouteurs des flots continus de musique médiocre, de propos souvent vulgaires et toujours insignifiants, elles accoutument les élèves à l'écoute flottante d'un bruit de fond... qui est, justement, tout le contraire de l'écoute attentive et critique que nous cherchons à installer en classe.

s'enchaînent à un rythme effréné. Le zapping est devenu inéluctable : afin d'éviter que le téléspectateur ne le pratique entre les chaînes, les chaînes l'organisent en permanence dans leurs propres programmes !

Et voilà que la télévision est massivement relayée, aujourd'hui, par les nouvelles images. Elles sont partout : sur Internet et les téléphones mobiles, sur les tablettes numériques et aux quatre coins de l'espace public. Là, tout va de plus en plus vite : il faut capter l'attention en quelques secondes, voire en quelques dixièmes de seconde, simplifier le message au maximum en mobilisant le cerveau reptilien, « scotcher » le plus longtemps possible le sujet à l'écran en multipliant les effets. Surprendre, fasciner, sidérer. Et, évidemment, sur ce plan-là, nous ne sommes pas en mesure, nous autres professeurs, de rivaliser. D'ailleurs, nous ne le devons pas. Je crois que nous devons même délibérément entrer en résistance.

Les médias exaltent l'infantile quand l'École cherche à faire grandir l'enfant.

Car nous observons, au quotidien, les ravages de l'exaltation médiatique de l'infantile. Ce sont ces « enfants-bolides[3] » affalés en classe comme devant leur télévision, apostrophant l'enseignant dès qu'il ne correspond plus à leur attente, se précipitant dans l'injure et la violence pour masquer leur difficulté à se fixer, un seul instant, sur un apprentissage ou dans une relation avec autrui, anéantissant d'un revers de manche ceux et celles qui ne pensent pas comme eux, ne s'habillent pas comme eux, ne conçoivent pas le monde comme eux. Ce sont ces enfants et adolescents pour qui tout peut et doit être

3. L'expression a été proposée par Francis Imbert (*Enfants en souffrance, élèves en échec*, Paris, ESF éditeur, 2004) qui désigne ainsi les enfants qui n'ont pas accès au symbolique et sont dans le passage à l'acte permanent (le symbolique représentant lui, par opposition et conformément à son étymologie, la capacité à « réunir », à « rapprocher » et, plus précisément, à « échanger des paroles »). Si vous vous intéressez à ces enfants de la marge qui mettent en échec les meilleures intentions du monde, il faut lire les ouvrages de Francis Imbert qui, à côté de développements théoriques toujours très stimulants, proposent des monographies où l'on voit comment concrètement la pédagogie peut redonner à des élèves le goût du savoir et la volonté de grandir. Un conseil : lisez d'abord les monographies et revenez ensuite seulement aux textes théoriques.

commandé par leurs caprices, comme dans un jeu vidéo ou dans une émission de télé-réalité, qui ne jouissent plus que de la contemplation à l'infini de leur propre image, sidérés par le spectacle de leurs fantasmes que renvoient en permanence les médias. Ce sont, encore, ces enfants qui ne discutent plus seulement les méthodes ou les appréciations du professeur – vieille habitude que vous pratiquiez vous-même – mais le contenu même de son enseignement : *« Vous nous dites cela... mais la télévision ne nous l'a pas montré! »* ou bien : *« J'ai trouvé le contraire sur Internet! »*.

Alors, devant des phénomènes d'une telle ampleur, on peut, bien sûr, se complaire dans la plainte, accuser les familles de laxisme et, au bout du compte, finir par refuser d'enseigner à des élèves qui, décidément, ne s'en montrent pas dignes!

Construire au quotidien une véritable « discipline scolaire ».

Il existe d'ailleurs, en matière juridique, ce qu'on nomme l'exhérédation : le refus de transmettre à ses héritiers l'héritage qui, pourtant, leur est dû. Je ne voudrais pas que nous autres, professeurs, soyons tentés par cette manière de mettre fin au monde et de laisser déferler l'infantile, sous prétexte de ne pas nous compromettre avec les « basses œuvres pédagogiques ». Je voudrais, au contraire, qu'on s'attache patiemment – même si nous n'avons guère l'espoir d'y parvenir à court terme – à construire dans nos classes des espaces qui échappent à l'assomption, conjuguée et célébrée de toutes parts, de l'individualisme, du narcissisme et de la médiocrité. Bref, que nous fabriquions, au quotidien, un peu de véritable « discipline scolaire ».

Il suffit, pour cela, de quelques principes qui vous paraîtront sans doute trop simples, voire simplistes, mais que je crois fondateurs : *préparer minutieusement le travail, soigner l'environnement, être ferme sur les consignes, faire en sorte que chacun ait une place dans l'entreprise collective*. Rien d'autre, en réalité que ce « matérialisme pédagogique » que Célestin Freinet appelait déjà de ses vœux[4] et

4. *Œuvres pédagogiques*, deux tomes, Paris, Seuil, 1992. Voir, en particulier, « Les invariants pédagogiques ».

dont nous n'avons pas fini de découvrir la fécondité. Rien d'autre que la sortie de cette *« éducation babillarde »* que dénonçait déjà Rousseau et avec laquelle, expliquait-il, *« nous ne faisons que des babillards*[5] ».

Soigner l'environnement : les scientifiques et les artisans savent bien que la manière de préparer une paillasse et d'installer les outils dont on aura besoin est décisive. Rien ne sera réussi sans un aménagement minutieux qui exige de se projeter dans ce que l'on aura à faire, d'en anticiper les besoins et le déroulement, de se mettre en condition, matériellement et psychologiquement, pour aller jusqu'au bout. Et pourquoi ce qui est vrai ici ne le serait-il pas pour une leçon d'orthographe, un cours de mathématiques, un travail de philosophie ? L'École de jadis – dont les objets et les rites nous fascinent tant – était une école construite minutieusement, architecturée jusque dans ses moindres détails... Plutôt que d'en cultiver la nostalgie, tâchons, à notre tour, de structurer l'espace scolaire comme un véritable espace de travail. N'acceptons pas d'enseigner dans des boîtes à chaussures indifférenciées que personne n'habite vraiment et où rien ne vient signifier quels sont l'activité proposée et le comportement attendu !

Préparer le matériel, structurer l'espace et le temps.

Pourquoi ne pas prendre le temps, avant l'arrivée des élèves, de disposer les tables pour favoriser le type de communication qu'on veut promouvoir ? Pourquoi ne pas décrire précisément au tableau les objectifs et le déroulement de la séance afin qu'en entrant, les élèves sachent, d'emblée, ce qu'on attend d'eux ? Pourquoi ne pas inventorier précisément avec eux le matériel dont on aura besoin,

5. *Émile ou De l'éducation*, Paris, Gallimard, coll. « Bibliothèque de La Pléiade », Livre III, 1990, page 447. *« À votre âge*, comme disait jadis un de mes professeurs d'université, *on ne lit pas, on relit... »*. C'est, évidemment, plus vrai que jamais quand il s'agit de l'ouvrage fondateur de la pédagogie moderne, que tout le monde cite... mais que personne n'a lu, l'*Émile*. Alors, à l'occasion, relisez *l'Émile* ; il y a quelques passages qui demeurent particulièrement d'actualité : *« Qu'il ne sache rien parce que vous le lui avez dit, mais parce qu'il l'a compris lui-même : qu'il n'apprenne pas la science, qu'il l'invente. Si jamais vous substituez dans son esprit l'autorité à la raison, il ne raisonnera plus ; il ne sera plus que le jouet de l'opinion des autres. »* (*Ibid.*, page 430.)

afin de s'assurer qu'il est à portée de main ? Je tiens, pour ma part, ces opérations élémentaires pour essentielles : elles incarnent le projet d'enseigner et construisent le cadre indispensable pour que les élèves se mettent en position d'apprendre. À l'université même, je ne laisse jamais les étudiants pénétrer dans une salle sans avoir minutieusement installé le matériel et les documents que nous utiliserons, sans avoir déposé sur chaque table le plan de la séance. Et j'exige qu'en entrant on respecte un espace structuré qui, déjà, prépare l'esprit.

Ainsi doit-on renverser la représentation traditionnelle selon laquelle un bon cours est d'abord une bonne performance du professeur que les élèves écoutent attentivement dans n'importe quelles conditions. Car, justement, pour beaucoup d'élèves, écouter un cours n'a rien d'évident. C'est même quelque chose qui est parfois perçu comme une soumission au pouvoir du maître qui impose ses caprices ! Notre tâche est alors de faire entendre que la discipline n'est pas une lubie de notre part ou une exigence que l'administration impose pour « avoir la paix », mais qu'elle émane des exigences du travail lui-même, exigences concrètes, repérées et partagées... Les professeurs d'enseignement professionnel, de technologie, d'éducation physique ou d'arts plastiques sont, évidemment, bien plus réceptifs à ces propos car leur possibilité même d'enseigner en dépend : il leur faut installer et respecter le matériel, l'utiliser au mieux et le ranger pour les suivants... Mais ce sont tous les professeurs qui ont aujourd'hui à relever ce défi, de la maternelle à l'université : structurer les relations dans la classe à partir des exigences mêmes du travail et participer ainsi à lutter contre la dispersion à laquelle la plupart de nos élèves sont condamnés par ailleurs.

Être précis
et rigoureux
sur les consignes.

Tout va se jouer, ensuite, sur les consignes : expliquer fermement ce que l'on doit faire et les conditions pour y parvenir. Avec cette précision dans le vocabulaire qui laisse le moins de place possible aux interprétations approximatives ou farfelues. Être bref et clair. Distinguer l'essentiel de l'accessoire. Ne pas répéter inutilement plusieurs fois la même chose, au risque de voir sa propre parole basculer dans l'insignifiance. Ne pas se contredire en cours de route. Ne pas enfreindre soi-même les règles qu'on a posées... Je crois, de plus en plus, que bien des choses se jouent là : dans la fermeté sereine, dans une forme d'ascèse de la parole qui refuse de délayer indéfiniment les mêmes injonctions et retient toute velléité de débordement personnel. Dans ce temps suspendu, non pas à nos lèvres, mais à ce qui, par notre bouche, renvoie à l'exigence interne du travail qui nous réunit.

Mais voilà, justement, un autre problème : pour que la discipline fonctionne, il faut effectivement que le travail proposé réunisse tous les présents, sans exception. *Il faut que chacun ait une place afin qu'il ne soit pas tenté de prendre toute la place*. Car nous savons bien que, sinon, nous ne tiendrons pas : si chacun et chacune n'est pas affairé, impliqué dans une tâche nécessaire au bon fonctionnement du groupe, nous nous épuiserons à contenir des interventions qui fuseront dans tous les sens ou à imposer un ordre formel qui masquera laborieusement l'ennui poli des « bons élèves ». Il faut, en classe, sortir de la confusion. De cette agitation désordonnée où chacun tente de se faire oublier ou de se faire remarquer. Des velléités de participer de temps en temps, au gré de ses envies, avant de se remettre à penser à autre chose. De ce désordre mental, accompagné ou non des formes habituelles du chahut, qui caractérise un espace social désintégré...

> Affecter à chacun une tâche précise, lui donner une place dans le groupe de travail.

Il faut promouvoir là, au contraire, un minimum d'organisation, stabiliser une configuration, même provisoire, des rapports entre les personnes, au terme de laquelle chacun sait ce qu'on attend de lui. Souvent, pour cela, nous assignons à tous la même tâche : un exercice ou une recherche, une lecture ou une manipulation. C'est déjà bien et, dès lors que les matériaux ont été correctement préparés et les consignes suffisamment précisées, cela peut efficacement structurer l'activité commune. Mais le mouvement est encore plus prometteur du point de vue pédagogique quand on engage le groupe dans un projet qui requiert une distribution des rôles. Ainsi, par exemple, qu'on réalise la maquette d'une ville romaine ou qu'on rédige un journal scolaire, qu'on prépare une expérience scientifique ou qu'on s'entraîne à la conversation en langue étrangère, qu'on fasse le schéma d'un circuit électronique ou que l'on construise en commun l'argumentaire d'une dissertation, on peut indiquer à chacun quelle est sa responsabilité exacte dans l'entreprise collective : veiller au respect de l'échelle ou à la précision historique, travailler à l'invention d'une fiction ou écrire un reportage, animer la discussion ou prendre des notes, etc. L'important est que nul ne soit définitivement assigné à une tâche, que la rotation des rôles permette à chacun de faire, à son tour, l'expérience de toutes les places, de se construire ainsi de nouvelles compétences, et de découvrir – c'est ce que nous devons souhaiter – de nouveaux centres d'intérêt. Ainsi la classe émerge-t-elle parfois du chaos. Laborieusement. Et au double sens du terme : parce qu'il y faut toujours un vrai travail. Et parce qu'il y faut aussi une obstination sans faille...

Je crois me souvenir qu'un jour, au tout début de ma carrière, un élève particulièrement pénible, que j'avais convoqué à la fin du cours, me fit remarquer avec une belle spontanéité : *« Je crois qu'on serait plus sages si on travaillait vraiment en classe... »* Sans doute est-ce un faux souvenir ? Un de ces événements aux fondements si ténus qu'on se demande s'ils ont vraiment existé ou si, à force d'y croire, nous les avons, en quelque sorte, incorporés à notre histoire. Mais peu importe ! À l'observation de ce qui se passe aujourd'hui dans bien des écoles et des établissements scolaires, je suis convaincu que cette remarque est plus que jamais d'actualité. Comme sont toujours d'actualité ces phrases de Fernand Deligny, un des pionniers de l'Éducation populaire qui se coltinait, il y a plus de cinquante ans, les délinquants que l'École avait renoncé à éduquer : *« Il faut savoir ce que tu veux. Si c'est de te faire aimer d'eux, apporte des bonbons. Mais le jour où tu viendras les mains vides, ils te traiteront de grand dégueulasse. Si tu veux faire ton tra vail, apporte-leur une corde à tirer, du bois à casser, des sacs à porter. L'amour viendra ensuite, et là n'est pas ta récompense*[6]. » Tout est

> Organiser le travail, pas la discipline.

6. *Graine de crapule*, Paris, Éditions du Scarabée, 1996, page 20. Ce petit livre, constitué d'aphorismes, est un véritable trésor pour tout éducateur.

dit : la vanité de la séduction. L'échec inévitable de la démagogie. L'importance du « travail vrai ». Parce qu'il impose de se mettre en jeu. De respecter les compétences de chacun. De se dégager du chantage affectif… Certes, il n'est pas question d'apporter aujourd'hui du bois à casser en classe, mais, en cherchant bien, nous finirons bien par trouver une tâche sur laquelle nos élèves puissent s'investir !

C'est donc dans l'approfondissement de la discipline à enseigner qu'on trouve les fondements de la discipline à faire respecter. Dans la conception des projets et la définition des tâches qu'on fait émerger progressivement des modes de fonctionnement qui structureront la classe. Et c'est en faisant respecter, sur la durée, ces modes de fonctionnement qu'on permettra aux élèves de sortir du monde de la satisfaction immédiate pour entrer dans un univers où l'on s'engage, où l'on construit, où l'on apprend.

À cet égard, la notion de « pédagogie de projet » est un pléonasme : toute véritable pédagogie met en projet des élèves autour d'un objectif commun. Toute véritable pédagogie structure le groupe à partir du projet. Et amène chaque élève à s'investir dans une tâche à travers laquelle il peut s'exhausser au-dessus de toutes les formes de conformisme et de fatalité… C'est ainsi qu'on découvre, à l'École, que l'interdit n'est pas le caprice de la tribu d'en face, que le respect des règles autorise des satisfactions plus importantes que les frustrations qu'elles imposent. Que la place de chacun n'est garantie que parce qu'il respecte la loi qui s'impose à tous. Qu'une parole n'est possible que si l'on écoute les autres. Et que la loi n'agresse pas, mais protège.

> Toute véritable pédagogie est une « pédagogie de projet ».

Ne faisons donc pas de ces questions de discipline un domaine séparé. Ne nous en déchargeons surtout pas systématiquement sur des personnels spécialisés qui seraient chargés d'assurer, dans l'École, le maintien de l'ordre pour que nous puissions, de notre côté, enseigner tranquillement. Nous ne pouvons enseigner que si nous faisons de la discipline en classe *notre problème* : le problème de l'organisation d'un espace et d'un temps socialisés pour permettre la transmission des savoirs. Le problème, pensé et débattu progressivement avec les élèves, en fonction de leur âge et de leur niveau de développement, des conditions qu'on doit se donner pour apprendre ensemble...

> Le maintien de l'ordre ne peut pas être dévolu exclusivement à l'administration ; la discipline est l'apprentissage de l'École elle-même.

Certes, je mesure bien le scepticisme qui s'empare de vous à cette affirmation : un accord sur le principe et une grande inquiétude sur sa mise en œuvre. Une adhésion au propos et une multitude d'interrogations qui se pressent : comment faire avec celui qui, délibérément, refuse de rentrer dans le jeu et de prendre une place dans le collectif ? Faut-il exclure les récalcitrants quand le fonctionnement du groupe est compromis ou faire pâtir l'ensemble des égarements de quelques-uns ?... Vous avez le sentiment qu'un tel travail requiert un effort collectif et que vous ne pouvez y parvenir tout seul. C'est parfaitement exact.

Car, bien au-delà de la question de la discipline, c'est rien moins que des fondements mêmes de l'École dont il s'agit ici.

7
Quel que soit notre statut, quelles que soient nos disciplines, nous sommes d'abord « professeurs d'École »

Quand Lionel Jospin, alors ministre de l'Éducation nationale, décida de transformer les « instituteurs » en « professeurs des écoles », il le fit, dit-on, avec un peu de regret. Non qu'il rechignât à aligner les niveaux de recrutement et les carrières de deux fonctions qu'il considérait comme d'égale dignité. Mais, parce qu'il nourrissait un attachement tout particulier pour le mot « instituteur ». Et on le comprend bien : *« À l'École normale*, écrit François Mauriac dans *Le Sagouin, un de leurs maîtres leur apprenait les étymologies : instituteur de institutor, celui qui établit, celui qui instruit, celui qui institue l'humanité dans l'homme*[1]. *»* Superbe définition de notre mission qui, sans les absurdes préjugés de notre pays, aurait dû nous amener, tout logiquement, à nommer tous les enseignants, qu'ils professent à l'école, au collège ou au lycée, « instituteurs ». Instituteur de cours préparatoire, instituteur de lettres, de génie civil ou de sciences et vie de la terre... Cela aurait eu fière allure ! Mais, en France, l'idée que l'âge des élèves à qui l'on enseigne est corrélé au niveau d'expertise et au prestige du

> Tous les professeurs sont des « instituteurs » d'humanité.

1. Paris, Presses Pocket, n° 1440, 1977, page 139. Il faut lire ce petit texte, certes un peu daté, mais qui met à vif les tensions de notre métier de manière exemplaire.

métier est tellement ancrée dans les esprits que, dans le second degré, une telle dénomination eut inévitablement été perçue comme une dégradation. C'est dommage et un peu triste ! C'est regrettable aussi parce que cela nous a fait oublier que, où que nous enseignions et quoi que nous enseignions, dès lors que nous sommes partie prenante du système scolaire, nous sommes d'abord « professeurs d'École ».

Car, comme l'affirme Jérôme Bruner, *« le programme d'une école ne se réduit pas aux disciplines qu'elle enseigne. La discipline principale d'une école, vue sous l'angle culturel, c'est l'École elle-même. C'est ainsi que les élèves la vivent, et c'est cela qui détermine le sens qu'elle a pour eux*[2] *»*. Autrement dit : l'École institue un certain type de rapport, aussi bien avec les savoirs qu'elle enseigne qu'avec les élèves qu'elle scolarise, qui la spécifie parmi la multitude des modes de regroupement inventés par les hommes. Une classe n'est pas une association de personnes qui se sont choisies en raison de leurs affinités. Ce n'est pas, non plus, un ensemble de gens qui partagent les mêmes convictions idéologiques ou religieuses. Ce n'est pas une famille dont les membres sont unis par des rapports de filiation. Ce n'est pas une bande soumise à l'emprise d'un caïd, ni un plateau de télévision où le spectaculaire fait loi. C'est un espace et un temps structurés par un projet spécifique qui allie à la fois, indissociablement, *la transmission des connaissances et la formation du citoyen*.

C'est pourquoi il n'y a aucune contradiction, bien au contraire, à être simultanément un professeur de cours moyen qui enseigne la grammaire et un « professeur d'École ». Pas plus qu'il n'y a la moindre contradiction à être professeur d'éducation physique et sportive au collège et « professeur d'École » ou professeur d'économie et gestion dans un lycée et « professeur d'École ». Bien au contraire : nous ne pouvons enseigner

Tous les professeurs enseignent d'abord l'École comme objet et comme valeur.

2. *L'Éducation, entrée dans la culture,* Paris, Retz, 1996, page 84. Un livre essentiel à mes yeux, avec de beaux développements sur l'accès aux savoirs – y compris scientifiques – par le récit : une piste bien trop négligée aujourd'hui.

une discipline quelconque que parce que nous l'enseignons comme « discipline scolaire », c'est-à-dire parce que nous l'enseignons, non seulement dans l'École, mais « comme École »... Aucune opposition ici : tout comme « la discipline d'enseignement » et « la discipline en classe » sont aussi indissociables que le recto et le verso d'une feuille de papier, « les disciplines scolaires » et « la discipline de l'École » ne sont qu'une seule et même réalité.

En effet, l'École n'est pas seulement un lieu d'accueil ou de passage, c'est un cadre éducatif spécifique où tout doit faire sens de manière cohérente. Un établissement scolaire, du premier ou du second degré, n'est pas seulement un ensemble de cours et de réunions plus ou moins bien juxtaposés. C'est une institution où les relations entre les personnes, l'ensemble de la gestion quotidienne et tout l'environnement matériel conspirent – étymologiquement « respirent ensemble » – pour instituer une forme particulière d'activité humaine fondée sur des valeurs spécifiques : *la reconnaissance de l'altérité, l'exigence de précision, de rigueur et de vérité, l'apprentissage conjoint de la construction du bien commun et de la capacité à « penser par soi-même »*.

L'École comme institution de la rencontre de l'altérité

Même s'il l'a fait en des termes qui peuvent apparaître aujourd'hui désuets et d'une extrême rigidité, le philosophe Alain a formulé, dans les années 1930, ce qui reste fondateur de la rupture, nécessaire pour l'enfant, entre la famille et l'École : *« faire contraste » avec « le sommeil biologique et cet instinct familial qui se referme sur lui-même »*, quitter un espace régi par *« les gentillesses du cœur »* et *« le bonheur d'être entre soi »* pour accéder à un univers où *« les leçons prennent le visage de la nécessité*[3] *»*.

3. *Propos sur l'éducation*, Paris, Presses universitaires de France, coll. « Quadrige », 1986, pages 21 à 30. Alain est un de ces philosophes qui sont, aujourd'hui, « au purgatoire ». Il est de bon ton de s'en gausser. Pour ma part, au-delà de tout ce qui me sépare du « grand professeur de classe préparatoire », je trouve ses « propos » particulièrement stimulants. On peut ne pas être d'accord. Mais, au moins, ils sont suffisamment clairs et vifs pour qu'on n'y reste pas indifférent.

L'École est, en effet, une institution où l'on ne se choisit pas et où l'on doit, néanmoins, travailler et apprendre ensemble. Une *institution*, effectivement, et non un simple *service* : dans une garderie, on confie son fils ou sa fille en fonction de ses contraintes familiales ou professionnelles et, même s'il existe des horaires, on peut venir les chercher à sa convenance. L'École, en revanche, impose ses propres règles. Pas pour compliquer la vie des familles, les soumettre à une autorité arbitraire ou les humilier. Mais parce que c'est le corollaire même de sa mission : l'École n'est pas à la disposition des familles, elle n'est pas faite pour leur « rendre service ». Elle incarne et met en œuvre des valeurs collectives qui dépassent la simple juxtaposition des intérêts familiaux. L'École, précisément, a pour mission d'enseigner à l'enfant que la famille, éminemment nécessaire pour son développement, n'est pas – ne peut pas être – son unique univers de référence. C'est à l'École, en effet, qu'on découvre que d'autres enfants vivent différemment. Qu'on apprend que les parents ne réagissent pas tous de la même manière. Qu'on ne croit pas partout aux mêmes dieux. Que les préoccupations des uns ne sont pas celles des autres. Et que les avis de certains ne sont pas le point de vue de tous... C'est pourquoi ce qui caractérise une classe dans l'École de la République, c'est que ses membres ne se choisissent pas et que leur rencontre y est aléatoire[4]. On peut avoir, à côté, des amis, des groupes d'appartenance, des convictions, des sympathies. Mais rien de tout cela ne doit être un critère de constitution d'une classe. Car, à l'École, on vient pour apprendre ensemble... à apprendre sans s'être choisis !

> À l'École, on apprend à se dégager de son environnement et de ses préoccupations propres en rencontrant d'autres enfants et d'autres mondes.

4. Une vraie « classe », s'entend. Pas une classe composée pour satisfaire les familles qui veulent éviter à leurs enfants de mauvaises fréquentations ou une classe constituée, à la demande des professeurs, d'élèves ayant les mêmes comportements et des codes culturels identiques. La République n'est pas compatible avec des classes organisées sur le principe du « qui se ressemble s'assemble »... Principe, au demeurant, pas si éloigné que cela de la célèbre formule d'un triste dirigeant politique d'extrême droite : *« Plutôt ma femme que ma cousine, plutôt ma cousine que ma voisine, etc. »* !

Quoique parfois difficile, cet arrachement n'en est pas moins absolument nécessaire à l'enfant. Il avait déjà découvert – et souvent douloureusement – qu'il n'était pas toujours au centre du nid, que ses parents pouvaient exister ailleurs et tourner leurs regards vers d'autres que lui. Il découvre maintenant que son nid n'est pas le centre du monde... Et plus important encore : que son nid fait partie du monde, mais qu'il n'est pas le monde.

Il y a, dans cette rupture, quelque chose d'absolument indispensable pour grandir : comme un accès escarpé vers la réalité du monde. Se construit là une extériorité qui décentre et délivre. On n'est plus astreint au mimétisme familial dès lors qu'on sait qu'il existe d'autres familles avec d'autres références. L'univers s'ouvre alors à de nouveaux savoirs. Plus question de croire ses parents sur parole ou de les contredire systématiquement, ce qui est finalement la même chose. On peut comparer, discuter et s'arrêter finalement à ce qui résiste à la confrontation des opinions contradictoires des uns et des autres. Et, en examinant ces points fixes, évidemment provisoires, s'esquisse déjà la possibilité d'accéder à un « monde commun », tout à la fois plus stable et plus partagé, plus solide et plus universel.

> L'École doit aider chacun à renoncer à être au centre du monde.

L'École est ainsi confrontation construite avec l'altérité. Organisation de la découverte qu'il existe « quelque chose » ailleurs. Découverte difficile, tant est grande la propension de chacun à réduire le monde à son univers personnel. Découverte jamais achevée, tant l'infantile nous talonne, nous fait rejeter ce qui ne nous appartient pas, ne nous aime pas ou ne nous concerne pas. Au point que nous avons toujours besoin de prêter l'oreille au loin, au spectre de Shakespeare : *« Il y a plus de choses dans le Ciel et sur la Terre, Horatio, que n'en rêve toute votre philosophie »*. Plus de choses et, au moins, « des choses ».

L'École comme institution de la recherche de la vérité

Étrange, en effet, mais essentielle, cette mission de l'École qui est de faire entendre, simplement, qu'il existe « des choses ». Leçon décisive qu'un romancier américain, Kressmann Taylor, formule ainsi dans une de ses nouvelles : *« C'est très important de connaître les choses comme elles sont. Pas comment tu as peur qu'elles soient, ou comment tu voudrais qu'elles soient. Ni l'un ni l'autre. Comme elles sont. Tu dois découvrir que le monde ne pense pas à toi, qu'il ne rôde pas en attendant de pouvoir te faire mal, même s'il y a beaucoup de gens, surtout des enfants, qui pensent ça et qui ont peur. Le monde n'essaye pas non plus de te faire plaisir*[5]*. »*

> À l'École, on apprend que la vérité résiste à nos désirs et qu'il faut connaître les choses pour porter un jugement sur elles.

Il faut apprendre, en effet, que « les choses » sont là et qu'« elles sont ce qu'elles sont ». Nous ne pouvons pas leur imposer nos caprices. Apprendre à lire, c'est respecter le texte et ne pas lui faire dire le contraire ou autre chose que ce qu'il dit. S'engager dans une démarche scientifique, c'est s'efforcer de voir ce à quoi nous n'avions pas pensé, ne pas écarter des faits qui infirment nos hypothèses et s'astreindre à prendre en compte le moindre détail. Faire une recherche documentaire, c'est aller chercher des informations sans écarter celles qui pourraient nous déstabiliser, c'est recouper les sources et se méfier des interprétations rapides... Ainsi apparaît, dans le quotidien des pratiques de classe les plus banales, la difficile mais essentielle distinction entre *le savoir* et *le croire*, entre le donné qui s'impose à tous et ce qui relève des opinions de chacun. Bien sûr, notre finitude nous interdit d'espérer séparer un jour, dans tous les domaines et une bonne fois pour toutes, le « savoir objectif indiscutable » du « croire subjectif et aléatoire ». La pureté, dans ce domaine, nous est définitivement inaccessible. Mais l'effort pour désintriquer l'un et l'autre n'en reste pas moins fondateur. C'est cet effort qui structure le rapport au savoir d'un professeur et c'est sa probité,

5. *Ainsi mentent les hommes*, Paris, Autrement, coll. « Littératures », 2004, page 25.

dans ce domaine, qui lui permet d'incarner au quotidien la finalité de l'institution scolaire[6].

Car cette valeur, au nom un peu désuet, est notre manière à nous, professeurs, d'enseigner au-delà de nos savoirs, *notre rapport au savoir*. C'est au nom de la probité, en effet, qu'on s'efforce d'entendre ce qu'a écrit un auteur avant de pouvoir porter ensuite, en toute liberté, un jugement sur son propos. C'est au nom de la probité qu'on s'interdit de dissimuler une partie de ce qu'on voit ou de ce qu'on sait. C'est au nom de la probité qu'on accepte d'entendre avec la même attention les arguments de l'adversaire que les siens propres. C'est au nom de la probité qu'on reconnaît qu'on n'est pas infaillible et qu'il nous reste encore beaucoup de choses à apprendre... C'est pourquoi il ne faut jamais craindre, devant nos élèves, d'avouer une perplexité intellectuelle, de reconnaître une ignorance, de convenir d'une erreur. Notre faiblesse est, ici, notre plus grande force : le signe que nous tenons notre autorité d'un rapport exigeant à la vérité et non d'un rapport de forces. Et même s'ils paraissent indifférents à nos scrupules, nos élèves ne s'y trompent jamais : ils savent, à coup sûr, reconnaître celui qui s'impose les exigences auxquelles il astreint autrui. Et celui-là leur en impose toujours !

C'est ainsi que, progressivement, s'installe au cœur de la classe une démarche qui fait de l'exigence de précision, de justesse, de rigueur et de vérité, la règle explicite du travail commun. Ici, ce n'est pas celui qui crie le plus fort qui a raison, mais celui qui démontre le mieux. Ce n'est pas l'intimidation qui l'emporte, mais l'argumentation.

---

6. Édouard Claparède, que nous avons déjà croisé, fut, en même temps que psychologue et pédagogue, un grand intellectuel engagé en politique. Alors que la Suisse, sa patrie, adoptait, pendant la Seconde Guerre mondiale, une attitude de « neutralité », il en dénonçait l'hypocrisie et condamnait fermement, dans un texte qui ne paraîtra qu'en 1947 après sa mort, « les vacances de la probité » : *« Tandis que la doctrine de la Force est fondée sur l'affirmation inconditionnée du Moi, et pousse à l'extension de sa puissance, la doctrine de l'Esprit, au contraire, expose constamment le Moi à une limitation de sa puissance : limitation dans l'ordre intellectuel, c'est la Vérité – limitation en faveur de la puissance des autres, c'est le Droit. [...] On peut choisir la Force. Mais ce qui n'est pas admissible, c'est, si l'on a choisi l'Esprit, de pratiquer une politique qui le renie. Cette trahison s'appelle une défaillance de la probité. La probité est, en effet, la fidélité aux principes que l'on a délibérément choisis. »* (*Morale et politique, ou les vacances de la probité*, Neuchâtel, La Baconnière, 1947, pages 24, 25 et 32).

> L'École enseigne comment la recherche de la vérité fonde le respect mutuel et permet d'échapper à l'hégémonie des rapports de force.

Ce n'est pas le spectaculaire qui gagne, mais l'authenticité d'une parole qui libère et réunit les hommes[7]. Qu'on soit en technologie, en langue vivante, en arts plastiques, en mécanique ou en gestion, c'est la même exigence qui est à l'œuvre : être précis, au plus juste, au plus près. Maîtriser le geste, le mouvement, l'expression pour être compris du plus grand nombre. Faire et dire ce qui va s'imposer à tous comme « intelligent »... ce que chacun pourra s'approprier avec le sentiment étrange – mais toujours assez exaltant – que la nouveauté ne vient pas l'alourdir mais l'alléger. On voit, alors, se dessiner des formes qui nous dégagent de la confusion : le monde et les autres ne nous sont plus aussi étrangers qu'avant.

Je sais que vous connaissez bien cette expérience et que, même si nous n'avons pas toujours les mots pour la décrire, nous sommes convaincus, vous et moi, qu'elle est la pierre de touche de ce qu'on nomme « la réussite scolaire ». Il s'agit toujours, en effet, de sortir du chaos et de devenir capable de nommer, même approximativement, ce qu'on ne voyait pas ou qui nous inquiétait : nos pulsions archaïques, grâce à la mythologie, à la littérature et à toutes les formes d'art... nos questions face au « silence éternel de ces espaces infinis » – comme disait Pascal – grâce à la science... nos interrogations sur nos origines, grâce à l'histoire et à la philosophie... nos difficultés de communication avec d'autres êtres, d'autres peuples, d'autres cultures, grâce à l'étude minutieuse de nos langages respectifs. Chaque fois, nous sortons un peu du brouillard : des repères apparaissent, des modèles se construisent, avec cette évidence *a posteriori* qui faisait dire à l'inspecteur Bourrel, disparu depuis bien longtemps de nos petits écrans, à la fin de chacune de ses enquêtes : « Bon Dieu, mais c'est bien sûr ! ».

---

7. C'est Olivier Reboul, un des philosophes qui m'ont le plus aidé à comprendre les enjeux de l'éducation, qui répond à la question : « *Qu'est-ce qui vaut la peine d'être enseigné ?* » par la belle formule : « *Ce qui unit et ce qui libère.* » (*La Philosophie de l'éducation*, Paris, PUF, coll. « Que sais-je ? », 1989, page 109).

Rien d'autre ici, encore une fois, qu'une nouvelle manière de décrire l'événement pédagogique qui s'impose décidément au cœur de notre métier. Mais un événement pédagogique porteur d'une espérance sociale et politique inouïe : l'espérance d'une société où les rapports entre les êtres ne seraient pas fondés sur la violence du marché et l'élimination du « maillon faible », mais sur la recherche collective, dans le respect réciproque, de la vérité. Un événement comparable à ce que décrit Marcel Mauss, à la fin de l'*Essai sur le don*, quand il évoque les chevaliers de la Table ronde : *« Pour commencer, il fallut d'abord poser les lances. C'est ainsi que le clan, la tribu, les peuples ont su – et c'est ainsi que, demain, dans notre monde dit civilisé, les classes, les nations et aussi les individus doivent savoir – s'opposer sans se massacrer et se donner sans se sacrifier les uns aux autres. [...] Les chroniques d'Arthur racontent comment le roi Arthur, avec l'aide d'un charpentier de Cornouailles, inventa cette merveille de sa cour : la Table ronde miraculeuse autour de laquelle les chevaliers ne se battirent plus. Il est inutile d'aller chercher bien loin quel est le bien et le bonheur. Il est là, dans la paix imposée, dans le travail bien rythmé, en commun et solitaire alternativement, dans la richesse amassée puis redistribuée, dans le respect mutuel et la générosité réciproque que l'éducation enseigne*[8]. »

L'École comme institution d'une société démocratique

Nous voici bientôt arrivés au bout du chemin. Là où notre métier s'arrête et où commence celui des politiques. Mais ne grillons pas la dernière étape. Au risque de laisser nos élèves, à la sortie de l'École, prêts à entrer dans la vie professionnelle, à participer à un débat scientifique, mais incapables de s'impliquer loyalement dans la construction d'une société démocratique.

À l'École, on apprend à passer progressivement de son point de vue et de ses intérêts personnels à la recherche du bien commun.

8. *Sociologie et anthropologie*, Presses universitaires de France, coll. « Quadrige » , 1993, page 278.

Ce n'est pas un des moindres paradoxes, d'ailleurs, de notre modernité que le désintérêt des démocraties pour leur propre pérennité. Alors que tous les régimes totalitaires, quelle que soit leur idéologie de référence, consacrent une énergie considérable à inculquer aux enfants le catéchisme qui garantira leur assujettissement futur, les démocraties, elles, se contentent d'injecter une heure d'éducation civique ici ou là... avec si peu de conviction que chacun convient, en aparté, qu'elle peut passer à la trappe à la première occasion ! On semble ainsi se résigner à l'emballement de l'individualisme, à la disparition des règles de vie commune et à l'emprise des communautarismes...

Certes, il ne saurait être question – au risque de s'enferrer dans une contradiction terrible – d'inculquer autoritairement des principes démocratiques : c'est ce qu'ont fait les États-Unis à travers la planète avec le succès que l'on sait. Loin de contribuer à l'émergence de régimes démocratiques, ils ont renforcé les fondamentalismes et encouragé les fanatismes de toutes sortes... Mais peut-être y a-t-il une autre issue ? Sans doute peut-on imaginer une véritable éducation à la démocratie qui permette, au moment de la majorité civile, d'entrer en politique en toute connaissance de cause et en ayant quelque chance de faire progresser la recherche du bien commun ?

L'École pourrait avoir alors, ici, une place déterminante. À condition de mener de front un double travail : d'une part, aider chaque élève à *échapper à toutes les formes de tribalisme* qui imposent la conformité à la norme et interdisent toute liberté de penser ; et, d'autre part, apprendre en permanence à chacun à *se décentrer par rapport à ses préoccupations immédiates et ses intérêts personnels pour s'associer à d'autres et aller vers l'universel.* Double travail. Double exigence. Et les deux faces de la même pièce du puzzle, la pièce manquante, ou à peine ébauchée, de notre modernité : une institution démocratique.

> L'École doit garantir à chacun la possibilité d'échapper à toutes les formes d'emprise afin de pouvoir « penser par lui-même ».

« Penser par soi-même », d'abord : vieille formule des Lumières plus que jamais d'actualité. Au moment où le moindre animateur de télévision ou de radio se donne plus d'importance que le législateur et où les jeunes, fascinés par les stars, en font leurs uniques modèles, travailler à l'émergence d'un peu de liberté de penser n'est pas un luxe. Non que la culture de masse soit intrinsèquement mauvaise, mais parce que toute forme d'emprise sur les esprits, quand elle dicte aussi bien la manière de parler que la façon de s'habiller, quand elle instille dans les consciences des hiérarchies de valeurs auxquelles il faut se soumettre pour être accepté dans un groupe, constitue une terrible entrave à l'émergence d'un sujet. On évoque souvent, aujourd'hui, la montée des tribus, des groupes fusionnels assujettis pieds et poings liés à un chef ou à un clan. On découvre aussi la pression terrible que la société médiatique et marchande fait peser sur les esprits, et, en particulier, ceux des enfants et des adolescents. Et, même si ces derniers cultivent parfois une distance amusée avec ce qui semble tant les fasciner, cette ingestion à jet continu, massivement relayée par tous les outils de communication et qui finit par s'imposer comme la seule culture commune, interroge notre idéal de laïcité. Jules Ferry voulait, grâce à l'École, délivrer les esprits de la superstition et de l'obscurantisme... Mais aucun fils de paysan breton, en 1905, ne passait autant de temps au catéchisme qu'un enfant de cadre, en 2014, n'en passe devant la multitude d'écrans auxquels il est « scotché » une bonne partie de la journée !

Je sais bien que les professeurs n'avouent guère regarder la télévision... surtout à leurs élèves ! Mais, pour autant, pouvons-nous nous résigner à ce rouleau compresseur de crétinisme qui sape les fondements mêmes de notre travail. Quand des élèves de cours moyen – comme j'ai pu l'observer, il y a quelque temps – sont réellement persuadés que, comme cela a été « démontré » par une émission de télévision, « les pompiers sont plus intelligents que les blondes », peut-on réellement rester sans rien dire et faire notre leçon de grammaire sur le participe passé comme si de rien n'était ? Je nous trouve ici infiniment frileux. Et aussi – excusez-moi de ce mot qui risque de vous blesser – un peu lâches : lâches, parce que nous abandonnons en rase campagne ceux et celles qui, justement, voudraient résister et auraient besoin de nous pour cela.

Car, là aussi, est notre responsabilité : faire alliance avec l'élève chaque fois qu'il veut s'échapper de la gangue, sortir du conformisme obligé, tenter une expression personnelle, réfléchir par lui-même... oser contredire le petit chef, l'animateur de radio et même le professeur ! Là est la condition, en effet, du devenir citoyen : ne plus s'incliner devant n'importe quelle forme de cléricature, examiner une parole à l'aune de sa cohérence et non du prestige de celui qui la profère, traquer les absurdités, recouper systématiquement les sources. C'est pourquoi la question de la démarche expérimentale et de la démarche documentaire sont, au sein de l'École, une seule et même question : la question pédagogique essentielle de qui ne se résigne pas à l'inculcation mais cherche à associer, dans le même acte de transmission, instruction rigoureuse et apprentissage de la liberté de penser. Tant que cette question ne sera pas prise au sérieux par tous les professeurs et les administrateurs, tant que nous n'en ferons pas une clé de voûte de la scolarité et que nous n'investirons pas massivement sur elle, nous risquons bien de rater cette formation du citoyen qu'on nous presse, de toutes parts, de mettre en œuvre[9].

> L'École doit permettre aux élèves de s'associer pour mener ensemble des projets et apprendre à « faire société ».

Cela dit, la citoyenneté n'exige pas seulement la capacité à échapper à l'emprise des autres, mais aussi celle de s'associer librement à eux... Et il se trouve, justement, qu'apprendre à s'associer aux autres n'est nullement en rupture avec le processus éducatif et scolaire tel qu'il se développe dès l'école maternelle ; cela en constitue même le prolongement logique. Entrer à l'École, c'est, nous l'avons vu, sortir de la sphère privée et du

9. Vous comprenez sans doute ici pourquoi je me suis battu pour la mise en place des Travaux personnels encadrés (TPE) et pourquoi je regrette tant qu'ils aient été abandonnés en Terminale. Ce n'est pas simplement une question de méthode, c'est une question de principe : c'est à la place donnée à la recherche documentaire qu'on mesure l'importance attribuée à la formation de la pensée critique. Les lycéens nous l'avaient dit, lors de la consultation de 1998, ils nous l'ont encore rappelé au printemps 2005. Il est vraiment dommage qu'on ne les ait pas plus entendus ! Si vous souhaitez un éclairage sur la consultation de 1998, ses conséquences et ses enjeux – vous étiez, d'ailleurs, peut-être lycéen à l'époque ! –, je vous conseille vivement la lecture de l'ouvrage coordonné par Roger Establet : *Radiographie du peuple lycéen* (Paris, ESF éditeur, 2005).

traitement strictement familial et affectif des problèmes ; c'est être contraint de prendre en compte le point de vue des autres pour, progressivement, construire des savoirs objectifs. Or, cette étape du développement de l'enfant est, tout à la fois et consubstantiellement, intellectuelle, sociale et politique. C'est, dans tous les domaines, une manière de monter systématiquement d'un niveau dans le traitement des questions, pour les considérer d'un point de vue qui intègre d'autres que soi et son groupe d'appartenance. Le début, justement, du processus de fabrication du bien commun qui constitue le principe de la délibération démocratique.

Ainsi l'École peut-elle, doit-elle, amener l'élève à effectuer des décentrations successives pour qu'il se perçoive et se comprenne progressivement comme membre de collectifs de plus en plus larges. Aller à l'École, c'est se dégager de cet atavisme nombrilique si prégnant : c'est passer de son caprice ou de son intérêt immédiat à une décision élaborée dans un petit groupe, de la considération de la volonté d'un groupe à celle d'une classe, de la classe à l'école, de l'école au quartier, du quartier à la commune, de la commune au pays, du pays à l'humanité...

Et cela est possible au quotidien : entendre, dans un travail de groupe, comment un autre élève comprend les consignes est, déjà, une première étape. Prendre en compte ses objections et modifier sa proposition, dans une correction mutuelle d'un devoir, est une façon de renoncer à sa toute-puissance et de faire reculer ses velléités narcissiques. S'affronter à la résolution commune d'un problème en recueillant des avis contradictoires et en s'efforçant de n'en récuser aucun est encore, au-delà, une manière de monter d'un cran dans la prise en compte du collectif. Participer à un projet où l'on pourra rencontrer le point de vue de personnes ignorées jusqu'ici, découvrir que la prise en compte des différences peut être génératrice de progrès pour chacun et pour tous, c'est accéder au sens même de l'aspiration démocratique[10].

10. Et c'est, évidemment, un travail qui se poursuit tout au long de notre vie.

Et nous pouvons rendre cette démarche encore plus visible et efficace en organisant, dès la maternelle et jusqu'en terminale, des temps bien spécifiés selon des rituels stabilisés, où chacun peut exprimer son point de vue sur une question concernant l'organisation du travail commun – de la manière de ranger les pinceaux après l'atelier de peinture à celle de réviser l'examen en philosophie ! C'est ainsi qu'un élève se forme à devenir citoyen et, dès lors que l'État le reconnaîtra comme tel, à prendre sa place dans les différentes instances où sa participation sera requise.

« Qu'on puisse donner raison à l'autre, qu'on doive avoir tort contre soi-même et contre ses propres intérêts, voilà qui n'est pas facile à comprendre », écrit le philosophe Hans-Georg Gadamer[11]. C'est l'éducation, justement, qui rend possible le lent et difficile dégagement de chacun par rapport à ses tentations égocentriques. Elle fait ainsi œuvre politique... Tout comme le politique fait œuvre éducative en construisant des institutions qui permettent à tous les citoyens de s'exhausser au-dessus de leurs conflits d'intérêts... La tâche serait impossible, en effet, sans l'effort conjugué de l'instance scolaire, qui accompagne chaque enfant en formation dans son effort de décentration, et des instances politiques qui offrent au citoyen, au sein de chaque institution, les prises et l'aspiration nécessaires pour s'arracher à la seule considération de ses propres intérêts afin de parvenir à considérer le monde avec le regard des autres.

Ne croyez donc pas que « l'éducation à la citoyenneté[12] », dont on vous rebat les oreilles avec tellement de maladresse, soit étrangère à votre mission et à vos aspirations. Vous avez, dans ce processus, et sans rien renier de votre projet d'enseigner toute votre place. Évidemment, les professeurs ne sont pas les seuls à devoir s'y engager : les directeurs d'écoles et les chefs d'établissements sont aussi « professeurs d'École ». Ils assurent la cohérence éducative de toutes les activités qui se déroulent dans l'espace scolaire : de l'accueil à

---

11. *L'Héritage de l'Europe*, Paris, Payot-Rivages, 1996, page 23.

12. Qui est apparue officiellement comme « discipline transversale » dans les programmes de l'école primaire de 2002, au même titre que la maîtrise de la langue.

l'enseignement, des relations avec les familles à la gestion administrative et financière, de l'entretien des locaux à la liaison avec l'environnement... Et il existe bien d'autres « professeurs d'École » que vous côtoyez au quotidien et avec qui vous pouvez travailler : les aides maternelles et les conseillers principaux d'éducation, mais aussi le personnel administratif et de service.

Je suis convaincu, en effet, que l'ambiance au restaurant scolaire est absolument déterminante pour la réussite du projet de l'École, comme ce qui se passe sur la cour de récréation ou dans les couloirs, chaque fois qu'un élève croise une femme de ménage. Ne négligez pas et, surtout, ne méprisez pas ces réalités-là au nom de votre fonction d'intellectuel : nos élèves ne sont pas de purs esprits et ils ont besoin, pour accéder à la citoyenneté, qu'on mette en cohérence autour d'eux tout ce que se passe à l'École et relève de ses principes.

> Professeurs, directeurs, chefs d'établissements, personnels administratifs et de service : tous « professeurs d'École ».

Mais, qu'aurait été la religion chrétienne sans les églises et leurs rituels, sans leur capacité à donner le sentiment que la moindre tâche qui s'accomplissait-là était une forme d'élévation ? Que serait la justice sans le cérémonial qui l'entoure et suscite, quand on entre dans un tribunal, une disposition particulière d'écoute et de respect ? Et qu'attendons-nous d'un véritable service public, sinon qu'il se manifeste comme tel, dès le premier contact et dans le moindre geste, par le respect des personnes ? Pas de véritable institution sans une intendance à la hauteur. Aucune chance de réussir dans la dimension proprement politique de notre projet sans la reconnaissance de l'importance de tous ceux qui contribuent à la tâche commune. Sans le salut échangé le matin avec la concierge ou l'ouvrier d'entretien, sans la solidarité active avec les surveillants et les personnels de secrétariat.

Plus largement, notre École a besoin de se « ré-instituer », en particulier dans l'enseignement secondaire : en lieu et place de ces cohortes d'élèves qui errent ou galopent dans les couloirs, entrent et sortent dans des espaces anonymes, dans un temps indifférencié simplement rythmé par des sonneries stridentes, nous avons besoin de construire des architectures faites pour apprendre à penser. Architectures de pierres et architectures mentales. Rituels qui permettent de se concentrer sur des tâches et des objets, de focaliser son attention et de mettre en œuvre ce que le philosophe Gabriel Madinier considérait comme l'exercice intellectuel par excellence, clé de tous les succès : « l'inversion de la dispersion ».

Mais, pour parvenir à assumer pleinement sa fonction de formation à la démocratie, il faudrait d'abord que l'École accepte de faire une place essentielle, au cœur des apprentissages fondamentaux de la scolarité obligatoire, au *Droit*. L'absence de cette discipline d'enseignement dans l'enseignement primaire et secondaire est proprement extravagante : le droit est, en effet, dans une démocratie, ce qui « fait tenir les hommes ensemble » et régit leurs rapports. C'est une construction des hommes qui se substitue au dogme intemporel qui, ailleurs, tombe du ciel. Qu'une démocratie ne consacre pas au droit, à son histoire et à ses applications, au moins autant d'heures hebdomadaires que la société religieuse du XIXe siècle n'en consacrait au catéchisme est totalement aberrant ! On a beau jeu, après, de se plaindre de notre fragilité et de regretter la solidité des sociétés théocratiques qui nous menacent !

Pourtant, aussi indispensable soit-il, l'enseignement du droit ne peut résoudre à lui seul tous les problèmes de formation à la démocratie. C'est toute l'institution scolaire qui doit se saisir de ce problème... dans chaque cours, dans chaque classe et dans chaque établissement du premier ou du second degré. *Dans chaque cours* : en donnant systématiquement aux élèves les moyens d'avoir recours à des expériences ou à des documents afin de les habituer à ne plus croire quiconque sur parole. *Dans chaque classe* : en se donnant systématiquement des objets d'observation, d'étude et de débat, en ouvrant régulièrement et sereinement la discussion avec les élèves sur les méthodes de travail utilisées et leur

> L'École doit enseigner le droit comme discipline pleine et entière et mettre en œuvre, tout au long de la scolarité, une véritable formation à la démocratie.

efficacité[13]. *Dans chaque école, collège et lycée* : en promouvant des instances de représentation des élèves sur mandat et en les accompagnant systématiquement d'une formation à la prise de parole, au débat argumenté, à la conduite de réunion... Afin d'expérimenter ainsi au quotidien le précepte de Rousseau : *« L'obéissance à la règle qu'on s'est soi-même prescrite est liberté*[14]. *»*

J'aimerais vous convaincre, ici, que la démocratie n'est pas une illusion du siècle dernier, un archaïsme dépassé dans un monde où les communautés humaines se resserreraient de plus en plus autour de croyances régressives. Je voudrais vous persuader que la liberté de penser, l'acte de délibérer et de participer à la décision collective, dans un espace politique défini, ne sont pas condamnés par le déferlement médiatique des gourous de toutes sortes...

---

13. Dans les classes primaires, je vous recommande la pratique du « conseil », telle qu'elle a été formalisée par Célestin Freinet : un moment précis banalisé dans la semaine (« Maintenant tu travailles... et si tu as une critique ou une suggestion à faire, tu le feras mardi au conseil ! ») ; une préparation minutieuse (un ordre du jour élaboré par les élèves à tour de rôle à partir d'un cahier où chacun peut inscrire ses suggestions) ; un rituel exigeant (un président et un secrétaire de séance, le retour, chaque séance, sur l'application des décisions prises, etc.). Dans l'enseignement secondaire, les choses sont, sans doute, plus difficiles. Mais, d'une part, rien n'empêche un professeur de consacrer régulièrement un temps à l'organisation d'un débat sur les devoirs à la maison, la préparation d'un contrôle ou la part respective, pendant les cours, du travail individuel, du travail en petits groupes et des exposés magistraux. Et, d'autre part, il existe un temps malheureusement souvent mal utilisé ou consacré exclusivement à des informations administratives : l'heure de vie de classe. Je ne saurais trop vous enjoindre d'investir ce temps comme un vrai moment de travail, avec de vrais contenus (on débat toujours de manière plus intéressante si on le fait à partir de l'étude de documents), de vrais projets (on peut organiser autre chose qu'une sortie de fin d'année et ce n'est pas parce que l'idée vient du professeur que les élèves vont moins s'impliquer), de vrais enjeux (dès lors qu'on distingue clairement le négociable du non-négociable, on peut prendre des décisions et en garantir l'application).

14. On ignore trop souvent que Rousseau, avant d'écrire *Le Contrat social*, son œuvre politique majeure, développa ses thèses sur « le pacte social » dans le livre V de l'*Émile*, articulant ainsi fortement son projet éducatif et son projet politique. Certes, l'*Émile* est une fiction – l'éducation solitaire d'un enfant orphelin et riche par un précepteur particulièrement éclairé – mais j'y trouve, pour ma part, des principes capables de donner aujourd'hui un horizon politique à notre métier : c'est parce que nous éduquons les enfants en faisant en sorte qu'ils puissent s'affranchir progressivement de notre tutelle qu'ils sont ensuite capables de s'associer librement : *« Les particuliers ne s'étant soumis qu'au souverain et l'autorité souveraine n'étant autre chose que la volonté générale, [...] chaque homme obéissant au souverain n'obéit qu'à lui-même, et on est plus libre dans le pacte social que dans l'état de nature. »* (*Émile ou De l'éducation*, Paris, Gallimard, coll. « Bibliothèque de La Pléiade », Livre V, 1990, page 841).

Je sais, pourtant, que beaucoup aujourd'hui voient en l'idéal démocratique une chimère : ils posent comme préalable à toute société la nécessité d'une adhésion des individus à un *credo* commun. C'est la thèse que défend brillamment Régis Debray dans ses derniers ouvrages[15] : toute horizontalité ne tient que par une verticalité qui la transcende ; toute société requiert, pour exister, une force centripète qu'elle ne peut trouver dans la simple association volontaire de ses membres ; même quand ils n'ont plus d'églises, les hommes ne tiennent ensemble que parce qu'ils partagent des croyances en un « élément transcendant » : *« La verticale échappe au contrôle de l'intelligence, et pourtant, c'est elle qui arrime les agrégats humains. [...] L'unidimensionnel est hors d'atteinte. Toujours deux dimensions. Quand vous trouvez un rempart, induisez sans crainte une tour derrière – minaret, clocher ou coupole. Un relatif, cherchez un Absolu. Une enceinte, trouvez l'autel. Un autel, trouvez l'enceinte*[16]. » L'anthropologue – observateur avisé de toutes les formes humaines de regroupement – a, peut-être, raison. Mais l'éducateur se méfie : il n'y a pas loin de la verticalité imposée à l'emprise, de l'adhésion requise à l'adhésion contrainte, de la cohésion donnée par une transcendance à la sujétion à toutes les formes de cléricature. Derrière l'autel, craignez toujours de voir surgir l'inquisiteur. Au cœur de l'enceinte, de trouver l'icône. Et, autour d'elle, les gardiens qui font la chasse aux infidèles, à ceux qui ne parlent pas « comme il faut », qui ne pensent pas « comme il faut », qui ne s'habillent pas « comme il faut ». Malheur à ceux qu'on ne voit plus à la messe ou coupent trop souvent leur téléphone portable ! Les gourous de la conformité veillent et, avec l'autorité que leur confère la verticalité dont ils se réclament, ne cessent de nous harceler : « T'étais où ? Tu faisais quoi ? Pourquoi t'es pas pareil que les autres ? »... Laissons « les agrégats humains » se constituer autour de l'autel. Mais l'École pour laquelle nous travaillons n'a pas à en rajouter, au contraire. Elle doit

La démocratie reste, pour le professeur, la seule utopie de référence possible.

---

15. En particulier, *Dieu, un itinéraire*, Paris, Odile Jacob, coll. « Poches », 2003, et *Les Communions humaines*, Paris, Fayard, 2005.

16. Régis Debray, *Dieu, un itinéraire*, *op. cit.* , page 385.

aider chaque enfant à résister à la pression à la norme que l'agrégat impose aux agrégés. Elle est, par essence, du côté du *cogito* plutôt que du *credo*. Elle est principiellement et méthodologiquement démocratique.

Pour tout vous avouer, je ne sais pas si une véritable démocratie est vraiment possible... C'est que j'ai été déniaisé depuis longtemps sur cette question et j'observe, comme vous, que les régimes démocratiques que nous connaissons aujourd'hui hésitent entre la tyrannie des élites et le populisme démagogique... en associant, le plus souvent, les deux. Je sais que la violence d'État n'y est pas toujours légitime et que les gouvernants demandent à l'École de respecter et d'enseigner des vertus qu'ils sont loin de pratiquer eux-mêmes... Mais je ne vois pas d'autre horizon capable de porter ensemble mon projet éducatif et mon projet politique. Je ne suis pas certain que la démocratie puisse être, un jour, pleinement réalisée, mais j'ai besoin d'y croire. Sinon, je n'aurai pas choisi d'enseigner... j'aurais décidé d'être un clerc dans une quelconque chapelle, un gourou dans une secte, un animateur de télévision... bref, je me serais fait « professionnel de l'emprise » et non « accompagnateur de libertés ». Alors, est-ce parce que cela justifie tous mes engagements passés et présents que la démocratie reste, pour moi, une utopie de référence ? C'est bien possible. Mais aussi parce que la dictature, on a déjà essayé !

> **Résister au plaisir narcissique du pessimisme et continuer à œuvrer pour la contagion de « l'événement pédagogique ».**

C'est pourquoi je ne saurais trop vous demander de vous méfier de cet esthétisme de la désespérance, si répandu aujourd'hui. Sous prétexte que le monde nous donne, chaque jour, le spectacle lamentable de foules qui se prosternent aux pieds de tyrans ou s'avachissent devant le crétinisme des médias, trop d'intellectuels se retirent sur l'Aventin : ils n'en finissent pas d'excommunier le monde... mais sans jamais rien proposer pour nous permettre de le transformer. On peut ainsi, être, tout à la fois, révolté et résigné, bénéficier du prestige de la dissidence et de la tranquillité du renoncement. Et gagner sur tous les tableaux... On rejette alors, avec mépris, « les illusions pédagogistes » de ceux qui se coltinent, tant bien que mal, l'éducation des barbares.

L'on se satisfait très bien – même si on ne l'avoue guère – d'un monde où cohabitent la démagogie et l'élitisme, le mépris pour les uns et la suffisance des autres, l'apartheid entre les exclus et les élus...

Et, en matière scolaire, ce comportement trouve une application facile : on se contente d'enseigner la minorité d'élèves qui connaît déjà la saveur du savoir et de déverser les autres dans des garderies plus ou moins déguisées. Sans imaginer, un seul instant, que nous disposons d'une arme formidable contre toutes les formes de fatalité, d'un moyen pour faire sortir les uns et les autres de leurs ghettos : *l'éducation démocratique à la démocratie.*

N'ayez crainte : je ne vous demande surtout pas d'abandonner la moindre parcelle de votre projet initial. De renoncer à enseigner les disciplines pour lesquelles vous vous êtes engagé dans ce métier. Bien au contraire. C'est au cœur même de cet enseignement, et en assumant pleinement votre mission de transmission des savoirs, que vous « enseignerez l'École ».

C'est ainsi que vous la ferez exister comme un « espace de décélération » – plus que jamais nécessaire dans une société de plus en plus fascinée par l'immédiateté – afin que les « petits d'homme » puissent, au cours de leur formation, apprendre à desserrer les mâchoires entre la pulsion et le passage à l'acte, faire exister la réflexion, pratiquer le détour nécessaire par les œuvres, s'entraîner à anticiper et prendre le temps de choisir... bref, accéder à la pensée.

Vous deviendrez ainsi, en même temps un professionnel de l'apprentissage et un militant politique – au sens le plus noble du terme – engagé, au quotidien, dans la construction d'un monde à hauteur d'homme.

Conclusion
Utopiques par vocation !

J'ai bien peur qu'arrivé au bout du chemin, vous ne me preniez pour un vieux con. C'est que je sais tout ce qui nous sépare. Je vais bientôt être rayé des cadres de la vénérable maison alors que vous venez à peine d'y entrer. Plus de quarante ans d'écart. Un abîme.

J'ai commencé ma carrière à l'époque où les grands récits étaient encore au goût du jour. Les marxistes, les maoïstes et les trotskistes régnaient en maîtres sur l'intelligentsia et quiconque, dans le corps enseignant, ne faisait pas acte d'allégeance aux uns ou aux autres passait pour un réactionnaire irrécupérable. Je n'ai été, pourtant, qu'un compagnon de route méfiant de mes camarades révolutionnaires : j'admirais leur activisme infatigable et leur rhétorique à toute épreuve. Mais ils me faisaient peur : c'était de véritables machines idéologiques qui vous mettaient K.-O. en quelques minutes de discussion, sans qu'on puisse jamais vraiment comprendre pourquoi on avait perdu la partie. J'ignorais, comme presque tout le monde, la réalité du goulag, les coulisses de la « grande révolution culturelle prolétarienne » chinoise et qui étaient les Khmers rouges. Tout cela m'inquiétait néanmoins et, si je défilais volontiers contre l'impérialisme américain et pour la paix au Vietnam, je n'en restais pas moins attaché à ce vieil humanisme de la tradition française que beaucoup de mes camarades considéraient comme « un allié objectif du capital ».

> Les grands récits ne fonctionnent plus et nul, aujourd'hui, ne croit plus au grand soir.

En réalité, nourri par la lecture de Rousseau, mais aussi de Fourier[1] et de Mounier[2], je croyais que le salut viendrait plutôt de « l'autogestion » que de « la dictature du prolétariat ». Imprégné depuis mon enfance par les idéaux de l'Éducation populaire, j'imaginais que nous allions transformer le monde en gigantesque camp scout avec un partage équitable des tâches et des veillées, chaque soir, autour des grandes œuvres de notre culture... Je trouvais, ainsi, dans ce qu'on appela « la deuxième gauche », un horizon possible : une manière de réconcilier l'émancipation de la personne et la justice sociale – la liberté et l'égalité – grâce à l'éducation. Comme beaucoup, je croyais encore à l'avènement possible de « l'Idée » dans l'histoire.

Puis vint la victoire de la Gauche et, après les premiers gestes symboliques accueillis dans l'enthousiasme[3], la découverte que l'histoire, loin de nous entraîner vers les mondes parfaits que nous imaginions, bégayait lamentablement.

La fin des utopies.

Nous espérions le partage du travail et de la richesse : nous avons vu le monde entier se convertir au marché, Bernard Tapie devenir ministre et les inégalités s'accroître. Nous croyions que la liberté d'expression permettrait le développement de projets culturels ambitieux aux quatre coins du pays : nous avons vu les « radios libres » et les chaînes privées de télévision clouer devant leurs postes nos

---

1. Charles Fourier (1772-1837) est l'auteur d'une œuvre étrange et inclassable, délirante à bien des égards, qui suggère d'organiser la société en phalanstères : communautés harmonieuses fondées sur la complémentarité des passions, le brassage social et le partage égalitaire du travail et des biens. Utopiste par excellence, Fourier exprime une « alternative poétique » – comme le dira André Breton – au rationalisme marxiste. Visionnaire, il pose les bases du mouvement coopératif dont on n'a peut-être pas encore complètement exploré toutes les richesses et les perspectives.

2. Emmanuel Mounier (1905- 1950) fonda un mouvement de pensée qu'il nomma « le personnalisme communautaire ». Chrétien et révolutionnaire, laïc convaincu et militant contre toutes les formes de dictature, il considère que les appareils politiques de la Gauche sont incapables, à eux seuls, de redonner aux hommes l'espoir en un monde meilleur ; il croit, en revanche, que le mouvement de « personnalisation » (contre toutes les formes de l'« impersonnel ») relayé par l'éducation, la culture et une nouvelle organisation sociale peut subvertir « le désordre établi ».

3. On n'imagine pas aujourd'hui, par exemple, l'importance extraordinaire qu'eut alors l'abolition de la peine de mort...

concitoyens sidérés par la vulgarité galopante. Nous demandions qu'on ne se contente pas de « donner plus à ceux qui ont moins », mais qu'on leur propose, systématiquement, « le mieux », le plus exigeant, le plus ambitieux : nous avons vu se développer une culture de masse aux objectifs purement commerciaux, tandis que les coteries parisiennes se drapaient dans le mépris de la populace. Nous voulions des centres sociaux, des théâtres, des bibliothèques, des espaces de rencontre entre les générations et les cultures : nous avons vu arriver des supermarchés, des distributeurs automatiques, des mondes cloisonnés où l'on se retrouve « entre soi » sous l'œil des caméras de surveillance. Nous avions rêvé d'une École ouverte à tous, véritable creuset républicain faisant de la mixité sociale une valeur et de l'hétérogénéité une méthode pédagogique : nous avons vu se développer « l'enfermement social des enfants », la ségrégation systématique entre les écoles et les établissements, l'organisation de filières étanches et strictement hiérarchisées, à l'image d'une *« société extraordinairement compartimentée, où les frontières de voisinage se sont durcies et où la défiance et la tentation séparatiste s'imposent comme les principes structurants de la coexistence sociale*[4] ».

La génération dont je fais partie a perdu sur bien des tableaux.

Et puis nous avons vu arriver, depuis quelques années, un libéralisme scolaire « décomplexé » : mise en concurrence systématique des personnes et des institutions, remise en question de la carte scolaire, publication de palmarès de toutes sortes et développement du « consumérisme scolaire », engorgement et sélection draconienne dans les « meilleures » filières et les « meilleurs » établissements, montée en charge d'un enseignement privé sans contrat ni scrupules, multiplication des officines de soutien scolaire spéculant honteusement sur l'angoisse des familles. Dans le même temps, l'État – de plus en plus confondu avec le

Le service public en question ?

4. Tel est, en effet, le terrible diagnostic d'Éric Maurin dans son ouvrage *Le Ghetto français : enquête sur le séparatisme social* (Paris, Seuil, 2005, page 6).

gouvernement – multipliait les contrôles technocratiques : quand on abandonne toute véritable ambition nationale pour le service public, on se doit de multiplier les « indicateurs » afin de permettre aux « usagers » les plus fortunés et les plus débrouillards de « faire leur marché » !

Les évaluations nationales d'acquisition de « compétences » se sont ainsi imposées comme le véritable outil de pilotage du système, au détriment des projets pédagogiques et de toute ambition éducative. La hiérarchie intermédiaire s'est durcie et a sanctionné lourdement les « désobéisseurs » qui proposaient, pourtant, des alternatives inventives et généreuses... Et, dans ce paysage largement dévasté – où les enseignants résistaient vaille que vaille –, on inventa, en pensant donner ainsi un peu d'espoir aux plus défavorisés, la « discrimination positive » : « On allait faire émerger un Einstein dans le 9-3 ! »... sans se préoccuper de ce qu'allaient devenir tous les autres, le 9-3 tout entier et « l'École de la République » !

Puis vint le temps du sursaut et de la « refondation ». Une concertation rapide et très institutionnelle au cours de l'été 2012, mais un immense espoir. Des gestes significatifs en direction des professeurs, la diminution de la pression évaluative, la refonte annoncée des programmes, la priorité donnée à l'acquisition des fondamentaux, la relance de l'éducation prioritaire. De quoi retrouver un peu de courage. Même si les maladresses sur les rythmes scolaires, les tâtonnements sur la formation initiale des enseignants, l'absence de toute relance de la formation continue, le peu d'évolution du comportement de la hiérarchie intermédiaire... nourrissent aujourd'hui l'impatience légitime des militants pédagogiques. Certains d'entre nous voudraient aller plus vite et plus loin, redonner à l'École un vrai cap et associer les parents à la reconstruction du « bien commun éducatif » plutôt que de s'inquiéter de leur « interventionnisme ». D'autres, même, considèrent que rien ne change vraiment, que l'injustice est toujours là et que le service public piétine : pour eux, l'École n'est décidément pas à la hauteur de la promesse républicaine... Vous vous ferez vite votre opinion.

Pour ma part, je crois que nous avons appris, au gré des alternances politiques, que tout ne se valait pas et qu'un gouvernement pouvait, parfois, résister mieux qu'un autre à la déferlante du marché et de l'individualisme. Ce n'est pas rien. Loin de là! Et puis, nous avons quand même gagné ici ou là : chaque fois que des personnes sont parvenues, même modestement, à mettre en œuvre un projet pour s'arracher ensemble à la fascination consommatoire et faire œuvre de création collective. Nous avons vu, de temps en temps, émerger des initiatives originales, avec une véritable ambition culturelle et un effort de mixité sociale et générationnelle, qui laissent entrevoir que « quelque chose », malgré tout, reste possible... Mais globalement – inutile de le cacher – nous avons perdu. La société que nous vous laissons n'est ni plus juste, ni plus cultivée, ni plus capable de prendre en main son avenir que celle dans laquelle nous sommes entrés jadis.

Vous pourriez en tirer une conséquence radicale : *« Les illusions de nos aînés n'ont pas fait progresser le monde : autant se contenter de tirer chacun notre épingle du jeu, sans s'encombrer de velléités réformatrices et, encore moins, de chimères idéologiques inutiles! »* Je crois que vous auriez tort. *Logiquement*, d'abord : la fin des grands récits, c'est aussi l'ouverture de nouveaux espaces d'inventivité et d'espérance. Qu'il n'existe pas un « sens de l'histoire », dont nous n'aurions qu'à être les instruments plus ou moins consentants, est plutôt une bonne nouvelle : c'est, certes, un peu inquiétant, mais c'est aussi un beau défi pour notre liberté et notre imagination. *Psychologiquement*, ensuite : on ne vit guère sans utopie de référence. On survit à peine, en pataugeant dans un quotidien que, très vite, on ne parvient plus à décrypter : rien ne permet plus d'y distinguer le possible du souhaitable, la satisfaction immédiate devient le seul horizon, le cynisme ou le désespoir sont les seules issues. *Professionnellement*, enfin : car, en choisissant le métier de professeur, *vous avez fait profession du futur.*

Devenir professeur, en effet, c'est investir dans l'avenir. Puisque c'est travailler, au quotidien, sur les apprentissages. Nous aurions mauvaise grâce de désespérer du futur

> Vous ne pouvez pas abandonner le combat car vous avez fait profession du futur.

quand, justement, tout notre travail consiste à convaincre chacun de nos élèves que, contre toute fatalité, un avenir différent est possible pour lui. Un avenir dans lequel, parce qu'il aura réussi à apprendre, il pourra mieux se comprendre et comprendre le monde. Assumer, prolonger et subvertir ainsi sa propre histoire.

Nous n'avons pas à chercher ailleurs des raisons d'espérer et de nous battre. Elles sont là, à portée de main, dans la plus banale des leçons, dans le moindre des exercices, dans le cours que nous avons à faire aujourd'hui, là tout de suite. Elles sont en évidence et invisibles à la fois, dans l'acte même par lequel nous transmettons à nos élèves les savoirs dont nous avons hérité et qu'ils vont s'approprier. Dans ce métabolisme étrange par lequel ils s'emparent de ce que nous leur proposons, le transforment et se transforment. Dans cette découverte étonnée qu'ils peuvent lire, écrire, communiquer dans une langue étrangère, utiliser des modèles scientifiques, réaliser des performances physiques ou accéder à l'émotion artistique. Dans cette exaltation subite, quand ils comprennent, enfin, qu'ils peuvent comprendre. Dans ce sentiment étrange que la compréhension est, tout à la fois, la chose la plus solitaire du monde et celle qui nous relie le plus profondément aux autres. Dans cette croissance imprévisible des petits d'hommes que nous accompagnons sans jamais la maîtriser.

« Rentrez en vous-même », comme disait Rilke au jeune poète. Vous y trouverez, au cœur même de votre projet d'enseigner, les raisons de ne désespérer ni de votre métier, ni du monde.

Il y là, en quelque sorte résumée, toute l'espérance du monde : tout ce pour quoi les pédagogues bataillent depuis des lustres. Tout ce pour quoi je vous demande de ne pas baisser les bras : un horizon où s'accorderaient l'intelligence et la liberté, la culture assumée et l'invention du possible, la réalisation de soi et la solidarité du collectif. Un horizon dont j'ignore si nous pourrons jamais le réaliser dans la sphère du politique, mais dont je suis

5. *La Formation de l'esprit scientifique*, Paris, Vrin, 1972, page 252.

convaincu que le politique ne peut se couper sans perdre, aux yeux des hommes, tout son crédit.

Ainsi est-ce dans la dynamique même de l'acte d'enseigner, au cœur même de l'acte d'apprendre, que nous pouvons trouver de quoi instituer l'École et construire un avenir possible pour les hommes. Gaston Bachelard appelait de ses vœux un monde où *« la Société sera faite pour l'École et non l'École pour la Société*[5] *»*. Il avait raison.

Les professeurs n'ont pas d'avenir. Ils sont l'avenir. Enfin, surtout vous…

« Capables de tout.
À toi “le tout”. »
Fernand Deligny, *Graine de crapule,*
Paris, Éditions du Scarabée, 1960.

Du même auteur

Outils pour apprendre en groupe, T.2 : *Apprendre en groupe ?*, Lyon, Chronique sociale, 1984.

L'école, mode d'emploi – Des « méthodes actives » à la pédagogie différenciée, Paris, ESF éditeur, 1985.

Apprendre... oui, mais comment, Paris, ESF éditeur, 1987.

Enseigner, scénario pour un métier nouveau, Paris, ESF éditeur, 1989.

Le choix d'éduquer – Éthique et pédagogie, Paris, ESF éditeur, 1991.

Émile, reviens vite... Ils sont devenus fous (en collaboration avec Michel Develay), Paris, ESF éditeur, 1992.

L'envers du tableau, Paris, ESF éditeur, 1993.

La Pédagogie entre le dire et le faire, T.1 : *Le courage des commencements*, Paris, ESF éditeur, 1995.

L'école ou la guerre civile, (en collaboration avec Marc Guiraud), Paris, Plon, 1997.

Lettres à quelques amis politiques sur la République et l'état de son école, Paris, Plon, 1998.

Des enfants et des hommes, Paris, ESF éditeur, 1999.

L'école et les parents (sous la direction de), Paris, Plon, 2000.

La machine-école, entretiens avec Stéphanie Le Bars, Paris, Gallimard, Coll. « Folio actuel », 2001.

Repères pour un monde sans repères, Paris, Desclée de Brouwer, 2002.

De l'autre côté du monde : figures et légendes de la mythologie grecque (en collaboration avec Victor Caniato), Lyon, Stéphane Bachès Éditeur, 2002.

Le pédagogue et les droits de l'enfant : histoire d'un malentendu, Genève, éditions Tricorne, 2002.

Récits d'enfance, Paris, Desclée de Brouwer, 2003.

Deux voix pour une École, entretiens avec Xavier Darcos animés par Marielle Court, Paris, Desclée de Brouwer, 2003.

Les devoirs à la maison, Paris, La Découverte, 2004.

Le monde n'est pas un jouet, Paris, Desclée de Brouwer, 2004.

Faire l'École, faire la classe, Paris, ESF éditeur, 2004, nouvelle édition 2011.

L'enfant, l'éducateur et la télécommande, entretiens avec Jacques Liesenborghs, Bruxelles, Labor, 2005.

École : demandez le programme !, Paris, ESF éditeur-France Inter-Le Café pédagogique, 2006.

Pourquoi est-ce (si) difficile d'écrire ?, Paris, Bayard, 2007.

Une autre télévision est possible, Lyon, Chronique sociale, 2007.

L'éducation peut-elle être encore au cœur d'un projet de société ? (en collaboration avec Pierre Frackowiak), Lille, Éditions de l'Aube, 2008.

Pédagogie : le devoir de résister, Paris, ESF éditeur, nouvelle édition 2008.

Lettre aux grandes personnes sur les enfants d'aujourd'hui, Paris, Rue du Monde, 2009.

L'École et son miroir, entretien avec Jean-Bertrand Pontalis, Paris, Éditions Jacob-Duvernet, 2011.

Un pédagogue dans la Cité – conversation avec Luc Cédelle, Paris, Desclée de Brouwer, 2012.

Pédagogie : des lieux communs aux concepts clés, Paris, ESF éditeur, 2013.

Le plaisir d'apprendre, Paris, Autrement, 2014.

Comment aider nos enfants à réussir - À l'école, dans leur vie, pour le monde, Bayard, 2015.

C'est quoi apprendre ? Entretiens avec Emile, Nouvelles éditions de l'Aube, 2015.

Achevé d'imprimer
en mars 2016
par Dimograf,
Bielsko-Biala, Pologne